요즘 직장인을 위한
실무 보고서 작성 비법

김태영 지음

요즘 직장인을 위한
실무 보고서 작성 비법

초판 1쇄 발행 2026년 3월 15일

지은이 김태영
펴낸이 송찬수
펴낸곳 시프트

출판등록 2024년 1월 26일 제2024-000016호
주소 경기도 파주시 회동길 480, A-229호
팩스 050-4047-5587

기획 송찬수 / **편집** 그래스 / **디자인** 다람쥐생활

문의 ask@shiftbook.co.kr
SNS instagram.com/shift.book

ISBN 979-11-24373-02-6 13000
책값은 뒤표지에 있습니다.

- 이 책은 저작권법에 따라 보호를 받는 저작물이므로 무단 전재와 무단 복제를 금합니다.
- 이 책의 내용 전부 또는 일부를 이용하려면 반드시 저작권자와 시프트의 동의를 받아야 합니다.
- 잘못된 책은 구입처에서 교환해 드립니다.
- 시프트에서는 여러분의 소중한 원고, 새로운 기획을 기다리고 있습니다.
  https://bityl.co/idea 에서 설문을 작성하거나 아이디어 또는 주제를 이메일 offer@shiftbook.co.kr 로 보내 주세요.

요즘 직장인을 위한 실무 보고서 작성 비법

김태영 지음

기획서, 소개서, 이메일, 품의서, 계약서, 공문서 작성까지
AI는 모르는, 우리 회사에서 인정받는 보고서 글쓰기 특강

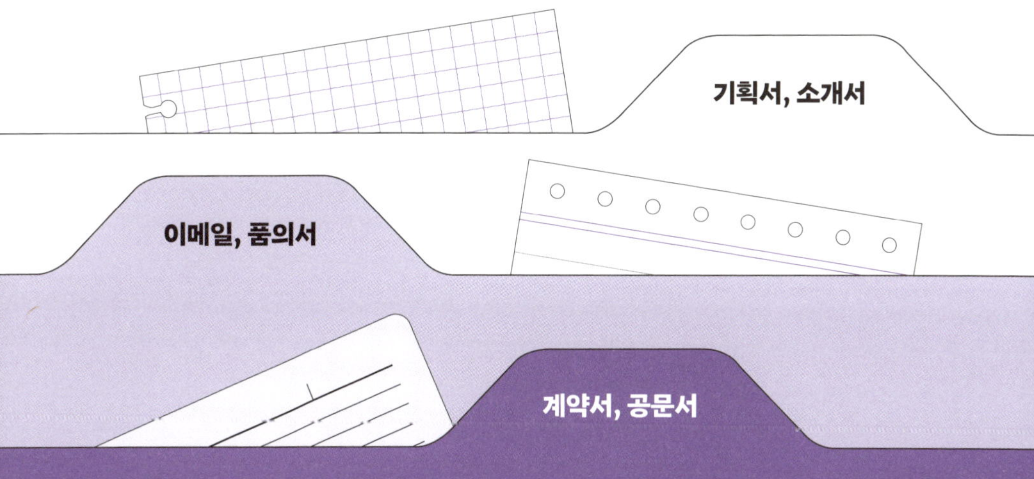

국내 대기업 출신의 진짜 노하우 대방출
프롬프트로는 해결할 수 없는, 채택되는 보고서 작성법!

AI 시대, 대체 불가능한 직장인은 '조직의 언어'로 말한다.

시프트

차례

강하게
집중시키는 법 • 48

효율적으로
작성하는 법 • 80

반드시 알아야 할 기초 문법 • 112

결재 문서 실무 체크사항 • 206

저는 글로벌 IT 기업에서 10년 동안 근무하면서 전략 보고서 작성과 관련된 업무를 수행하며 실무 경험을 쌓았고, 이 과정에서 보고서의 구조화된 작성 방법, 핵심 메시지를 효과적으로 전달하는 방법, 읽는 사람의 관점에서 서술하는 방법 등을 익혔습니다.

이후 중견기업과 중소기업에서 17년 동안 근무하면서 부서원이 작성한 보고서를 코칭하고 피드백을 하는 업무를 수행하였습니다. 이 책에는 이런 저의 30년 가까운 실무 경험과 실제 사례로 파악한 핵심적인 보고서 작성 기법들을 쉽고 간결하게 정리했습니다. 아울러, 많은 내용들에 대해서는 가능한 이미지 또는 도표를 활용하여 초보자도 이해하기 쉬운 설명과 함께 실무에서 자주 발생하는 문제점과 해결 방안을 제시하였습니다.

회사에서 보고서 작성 역량은 중요한 경쟁력입니다. 하지만, 사원들에게 보고서 작성에 대한 별도의 교육을 진행하는 곳은 그리 많지 않습니다. 그러다 보니 인터넷을 통해 파편적인 정보로 학습하거나 무작정 AI에 의존하는 모습을 종종 보게 됩니다.

물론 AI의 성능은 날로 향상되고, 인터넷 검색으로 다양한 정보를 쉽게 접할 수 있는 것은 사실입니다. 예전과 비교하면 보고서 작성이 더할 나위 없이 쉬운 시절이죠. 하지만, AI도 기초 지식이 많을수록 더 잘 활용할 수 있듯이, 보고서 작성 역량에 대한 기초가 튼튼해야 AI를 활용하더라도 더 좋은 보고서를 작성할 수 있습니다.

이 책을 통해 여러분이 보고서 작성에 대한 부담을 줄이고, 좀 더 효과적으로 보고서를 작성할 수 있길 바랍니다. 무엇보다 보고서라는 문서가 단순히 정보를 나열하는 것이 아니라, 상대방을 설득하고 중요한 메시지를 전달하는 도구라는 점을 기억하고, 거기에 저의 경험과 노하우를 반영한다면 조금은 더 '잘' 작성한 보고서가 될 것입니다. 아무쪼록 이 책이 체계적으로 보고서 작성 역량을 강화하고 싶은 여러분에게 많은 도움이 되길 바랍니다.

2026년 3월
김태영

들어가며

보고서는 회사에서 중요한 경쟁력

문서 역량과 업무 전문성의 필요

보고서는
회사에서 중요한 경쟁력

이 책에서는 문서의 대표격으로 보고서를 잘 작성하는 방법에 대해 이야기합니다. 책에 소개된 내용을 충분히 파악한다면 보고서는 물론이고, 기획서, 소개서, 이메일, 품의서 등 거의 모든 문서를 작성함에 있어 부족함이 없을 것입니다.

보고서 작성 역량은 회사에서 중요한 업무 경쟁력

회사에서 보고서 작성 역량은 업무 수행 경쟁력을 평가하는 중요한 요소입니다. 만약 여러분이 신규 입사자라면 처음 작성한 보고서가 업무 역량의 가능성을 결정짓는 기준이 될 수 있습니다. 반대로, 여러분도 유관 부서에서 공유한 보고서를 보면서 상대방의 업무 역량 수준을 가늠할 수도 있습니다.

이처럼 보고서 작성 능력은 업무 역량을 파악하는 중요한 지표이자 경쟁력입니다. 나아가 보고서를 잘 작성하는 직원이 주요 업무를 담당할 가능성도 높습니다. 보고서 작성 역량은 어떻게 키워야 할까요? 주로 부서에 있는 선배에게 어깨 너머로 배우거나, 리더에게 보고서를 제출한 후에 피드백과 검토를 받으면서 배우는 경우가 많습니다.

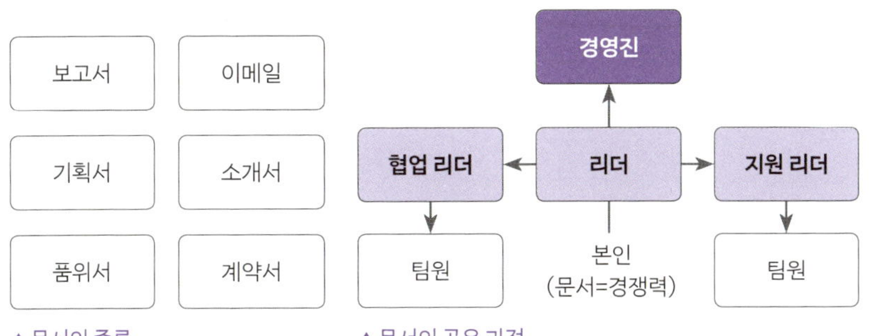

▲ 문서의 종류　　　　　　　▲ 문서의 공유 과정

제가 사원일 때 본사에 보고할 채용 규모 확대 계획의 핵심 내용을 정리하는 업무를 맡게 되었습니다. 부장님에게 여러 번 피드백을 받았고, 보고서를 수정해서 여러 번 다시 보고를 올렸습니다. 그러나 저의 보고서는 끝내 채택되지 못했고, 결국 부장님이 직접 작성한 보고서가 최종 승인되었습니다. 이때, 좌절감과 함께 회사에서 핵심 인재로 성장하려면 보고서를 잘 작성해야 한다는 사실을 깨달았습니다.

그때부터였습니다. '도대체 어떻게 해야 보고서를 잘 작성할 수 있을까?', '우리 회사에서 보고서를 잘 쓰는 사람은 누구일까?', '어떤 보고서가 훌륭하다고 평가를 받는가?' 등 스스로에게 끊임없이 질문을 던지며 답을 찾기 시작했습니다.

그러던 어느 날, 하늘은 스스로 돕는 자를 돕는다는 말처럼, 케이블 방송 채널을 돌리다 우연히 대통령이 업무 보고를 받는 장면을 보게 되었습니다. 화면 속 파워포인트 자료를 보고 비로소 실마리를 얻었습니다.

이후 국회 보고서, 관공서 공문, 경영 컨설팅 자료 등 체계적으로 정리된 다양한 자료들을 찾아보며 본격적인 벤치마킹을 시작했습니다. 그리고 이 책에 그때 터득한 노하우를 실제 업무에 적용하며 꾸준히 높여온 업무 경쟁력을 가득 담았습니다.

문서 역량과
업무 전문성의 필요

회사에서 보고서를 작성할 때는 학창 시절의 과제처럼 창의적인 표현 방식을 앞세우는 것이 핵심이 아닙니다. 오히려 회사와 부서에서 오랜 기간 축적해 온 고유의 형식과 절차를 준수하며 작성하는 것이 무엇보다 중요합니다.

보고서를 업무 경력에 비례하는 수준으로 작성하는가?

대기업일수록 보고서 작성을 위한 리더의 코칭이나 다양한 교육 시스템이 체계적으로 갖춰져 있습니다. 또한, 사내에 벤치마킹할 수 있는 동료와 선배가 비교적 많습니다. 따라서 경력이 쌓일수록 핵심 내용을 명확히 구분하여 정리하는 업무 역량을 자연스럽게 갖출 수 있는 환경입니다.

하지만 중견 기업이나 중소기업으로 이직하여 협업해 보니 아쉬운 점이 적지 않았습니다. 많은 직원이 뛰어난 직무 전문성을 갖추었음에도, 정작 자신의 업무 능력을 증명해야 하는 보고서 작성에는 서툰 모습을 보였습니다. 내용이 아무리 훌륭하더라도 보고서의 완성도가 미흡한 탓에 경영진으로부터 부정적인 피드백을 받는 안타까운 상황도 종종 발생하곤 했습니다.

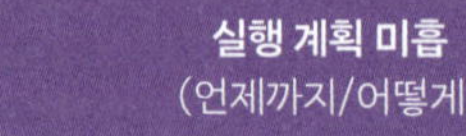

▲ 완성도가 미흡한 보고서

식당에 방문했다고 가정해 봅시다. 테이블에 앉으면 우선 메뉴판을 살펴볼 것입니다. 아래의 예시와 같이 두 가지의 메뉴판이 있다면 어느쪽으로 눈길이 갈까요? 저는 글자만으로 빼곡하게 구성된 메뉴판보다는 간결한 이미지가 추가된 메뉴판이 더 효과적이라고 생각합니다.

▲ 텍스트 중심 메뉴판

▲ 이미지 중심 메뉴판

다시 우리의 상황으로 돌아오겠습니다. 여러분의 리더가 보고서를 검토하면서 어떤 생각을 할까요? 지금 스스로 자문해 보세요. '보고서를 업무 경력에 부합하는 수준으로 작성하고 있나?', '필요한 정보를 전달하기 위해서 효과적인 형식으로 작성하고 있나?' 다시 말해 보고서의 가독성과 완성도에 대해서 생각해 봐야 합니다.

보고서 작성을 위한 4가지 규칙

보고서를 잘 작성하려면 다음의 네 가지 S를 기억하면서 이어지는 본문을 펼치기 바랍니다.

- **첫째, 심플(Simple)**: 보고서 분량은 1~2장으로 핵심 내용만 요약해서 보고하고 상세 내용은 별첨으로 분리합니다.
- **둘째, 스피드(Speed)**: 보고서 작성 기간을 최대한 줄여서 되도록 작성 시작일부터 1주일 이내에 보고합니다.
- **셋째, 스마트(Smart)**: 주요 이슈와 의사 결정이 필요한 사항을 명확히 보고합니다.
- **넷째, 싱크(Sync)**: 부서에서 작성하는 모든 보고서는 동일한 형식으로 한 사람이 작성한 것처럼 구성합니다.

과감히
압축하는 법

보고서용
한자어로 압축하기

보고서를 간결하게 압축하려면 한자어가 효과적입니다. 사회초년생 시절, 글로벌 IT 기업에서 공채 교육을 받으면서 〈한글 세대를 위한 시사 한자〉와 〈글로벌 세대를 위한 비즈니스 한자〉를 다룬 두 권의 서적을 받았습니다. 당시에는 왜 이러한 책들이 업무에 필요한가 의문이 있었습니다. 하지만 입사 후 다양한 보고서를 읽으며, 한자어의 의미를 빠르게 파악할 수 있어서 도움이 되었습니다.

한자어로 문장을 간결하게 구성한다

지금의 대학생 또는 사회초년생 여러분에게 한자를 열심히 공부해야 한다고 주장하려는 것은 아닙니다. 다만 보고서에 자주 사용되는 한자어에 익숙해지면 보고서 문장을 간결하게 작성할 수 있습니다.

예를 들어, 한 문장 안에서 '늘어나다', '줄어들다'라는 두 가지 의미를 나타낼 때 '증가', '감소'를 사용하면 공간을 줄여 짧게 작성할 수가 있습니다.

또한 문장을 압축하기 위해서 기호를 활용하면 더 간결하게 작성할 수 있습니다. 물론 이와 같이 한자 또는 기호가 보고서에 지나치게 많은 것은 바람직하지 않습니다. 그럼에도 보고서를 아주 간결하게 작성해야 할 때는 시도해 보는 것이 좋습니다.

처음에는 익숙하지 않은 보고서용 한자어를 억지로 사용해서 문장을 작성하고 압축하는 것이 어색할 수도 있습니다. 우선 보고서에서 하고 싶은 이야기나 전달할 내용을 풀어서 작성해 보세요. 풀어서 작성한 한 줄 문장은 더욱 짧고 간결하게, 두 줄 문장은 한 줄 문장으로 줄이기 위해서 보고서용 한자어를 사용해 보세요.

사용 빈도가 높은 한자어를 먼저 익힌다

영어 공부를 처음 시작하면 영어 단어를 외우면서 점진적으로 문법과 다양한 표현에 대해서 공부합니다. 초반에는 익숙하지 않은 영어 단어를 외워야만 좋은 영어를 구사할 수 있습니다. 하지만 엄청나게 많은 단어를 한꺼번에 외워야 하는 것은 아닙니다. 비슷한 개념으로 보고서를 잘 작성하기 위해 초반에는 한자어도 외우면서 익숙해지는 과정이 필요합니다. 다음에 있는 〈보고서용 한자어 사례〉를 사용해 보세요.

여러분이 보고서 작성에 빠르게 익숙해지는 것을 돕기 위해서 긍정(상승, 달성, 가능, 확대, 증가 등), 부정(하락, 미흡, 불가, 축소, 감소 등), 의지(예상, 예측, 전망, 도모, 추진 등)로 보고서용 한자어를 구분하였습니다. 보고서에서 사용 빈도가 높은 단어들을 함께 예제로 정리를 하였으니 참고하길 바랍니다.

이러한 한자어를 사용하면 자연스럽게 간결한 문장으로 정리됩니다. 한글 세대에게 한자어로 보고서를 작성해 보라는 것에 여전히 의문을 품는 독자도 있을 것입니다. 하지만 보고서를 검토하는 리더들은 보고서용 한자어에 익숙한 경우가 많습니다. 이를 활용하여 간결하고 명확한 보고서를 작성해 보세요.

긍정	상승, 달성, 가능, 확대, 증가, 연계, 증원, 충족, 적정, 고효율, 기존, 완료, 구체적, 능동적 등
부정	하락, 미흡, 불가, 축소, 감소, 단절, 감원, 부족, 과다, 비효율, 변경, 지연, 추상적, 수동적 등
의지	예상, 예측, 전망, 도모, 추진, 추구, 도래, 추가, 요망, 요청, 제안, 유지, 예정, 방어 등
기타	선순환, 모색, 생활화, 복합화, 가속화, 입체적, 장기적, 단기적, 적극적, 점진적, 전사, 축적, 본질, 제언 등

▲ 보고서용 한자어 사례

동사를 명사형으로 마무리하기

문장의 기본 구성은 주어와 동사입니다. 주어는 문장에서 행위의 주체가 되는 역할을 하고, 동사는 주어의 내용을 전개하는 서술어입니다. 글쓰기에서 동사로 문장을 마무리하면 생동감 있고 역동적인 표현이 됩니다. 반대로 동사를 명사형으로 마무리하면 딱딱하고 건조한 표현이 됩니다.

동사에 명사형 어미 '-ㅁ'를 결합하여 압축한다

보고서를 작성할 때 공간을 최대한 줄이기 위해서는 한자어를 사용하는 것과 더불어 동사를 명사형으로 전환하면 됩니다. 문장의 간결함을 우선 순위로 두고 동사를 명사형으로 적용하면 효과가 있습니다. 예를 들면, 문장에서 '어긋남'은 동사 '어긋나다'에 어미 '-ㅁ'을 결합한 명사형입니다. 용언의 어간에 어미 '-ㅁ'이 붙어서 명사형 '어긋남'으로 문장을 마무리해도 충분히 의미가 전달됩니다.

동사에 명사형 어미 '-ㅁ'을 결합	
동사 '어긋나다'	명사형 '어긋남'

▲ 동사를 명사형으로 전환

사실 동사를 명사형으로 사용하는 것은 보고서뿐만 아니라 여러분이 이미 매일 다양하게 많이 사용하고 있습니다. 소셜 메신저로 채팅을 하거나 소셜 플랫폼에 사진을 올리면서 글을 적거나 댓글을 남길 때는 가능한 짧고 간결하게 작성하고 싶을 것입니다.

다음 예문과 같이 '10시에 회의를 시작합니다'라는 문장을 '10시에 회의를 시작함'으로 표현을 바꾸면 글자 2개를 줄일 수 있습니다.

동사	동사의 명사형
10시에 회의를 시작합니다	10시에 회의를 시작함
순양전자에서 입점을 제안하였다	순양전자에서 입점을 제안함

▲ 동사의 명사형 사례

종결 어미도 생략해서 압축한다

간결한 문장을 작성할 때 더욱 좋은 방법은 동사의 명사형 종결 어미도 생략하는 것입니다. '10시에 회의를 시작'이라고 작성해도 문장의 의미를 전달할 수 있으면 '~함, ~임, ~됨' 등의 종결 어미를 생략할 수도 있습니다.

동사의 명사형	종결 어미 생략
10시에 회의를 시작함	10시에 회의 시작
순양전자에서 입점을 제안함	순양전자에서 입점 제안

▲ 동사의 명사형 종결 어미 생략

자신이 속한 부서에서 보고서를 작성하는 스타일에 따라서 동사를 명사형으로 적용할 것인지 판단하면 됩니다. 한 장으로 보고서를 작성할 때에는 많은 내용을 간결한 문장으로 핵심 내용만 적어야 하기에, 명사형으로 적용하는 편이 좋습니다. 여전히 공간이 부족하다고 생각되면 위에서 이야기한 것처럼 종결 어미도 생략하면 됩니다.

특히, 워드 보고서는 좌우 폭이 좁아서 동사를 명사형으로 작성하면 편리합니다. 파워포인트 보고서는 일반적으로 수 십장으로 작성하므로 작성 공간에 여유가 있기에 상황을 봐서 판단하면 됩니다.

여러분이 동사를 명사형으로 사용하는 데 익숙해지면 어느 순간 본인도 모르게 문장의 마무리를 다르게 할 것입니다. 비록 한 문장에서 몇 개의 글자를 줄이는 것이지만, 이런 것들이 쌓이면 보고서 작성 시간이 단축되므로 업무 효율성까지 높아집니다.

꾸미는 부사와 조사를 생략하기

문장을 작성하다 보면 풍부한 느낌을 더하기 위하여 부사를 사용합니다. 부사는 동사, 형용사, 문장 전체를 꾸미는 수식어입니다. 그런데 문장을 한 줄로 작성하기 어려울 때마다 부사를 삭제해도 되는지 고민이 됩니다. 부사를 제거해도 큰 틀에서 의미 전달에 이슈가 없다면 삭제하거나, 최대한 사용하지 않는 것이 간결한 문장으로 보고서를 작성하는 방법입니다.

부사를 제거하면 가독성이 올라간다

보고서를 작성할 때 문장은 가능한 간결하게 작성해야 합니다. 한 문장으로 표현할 수 있는 내용이 불필요한 단어 때문에 두 줄로 길어지는 것은 피합니다. 그래서 가장 먼저 고려해야 할 것이 부사의 생략 여부입니다.

부사는 문장의 의미를 강조하는 역할을 하지만, 없어도 내용이 전달된다면 사용할 필요가 없습니다. 예를 들어, '매우 효과적으로 진행되었다'에서 '매우' 같은 부사를 빼더라도 문장의 의미는 유지됩니다. 따라서 문장을 압축할 때는 우선 부사를 제거해 보고, 문장의 의미가 여전히 명확하다면 과감히 생략하는 것이 좋습니다. 이렇게 하면 문장이 짧아지고 가독성이 향상됩니다.

사용	매출은 100억 원으로 작년 매출과 비교하여 매우 많이 증가
미사용	매출은 100억 원으로 작년 매출과 비교하여 많이 증가

▲ 부사 사용 및 생략

불필요한 조사를 생략한다

실질적인 의미가 없는 조사를 생략하는 것도 효과적입니다. 조사는 문장에서 명사와 명사 또는 다른 요소를 연결하지만, 꼭 필요하지 않은 경우 문장이 불필요하게 길어지게 만들 수 있습니다. 명사와 명사를 연결할 때 '의' 또는 '가' 등의 조사를 사용하고는 합니다. 하지만 이러한 조사가 문장의 의미를 특별히 강조하거나, 구체적으로 설명하는 데 기여하지 않는다면 생략할 수 있습니다.

이는 부사 생략과 같은 원리로 적용되므로, 문장의 흐름을 해치지 않는 범위에서 조사를 줄이면 더욱 읽기 쉬운 문장을 만들 수 있습니다.

사용	작년도 해외법인의 의견을 수용하지 못하여 성과가 부진함
미사용	작년도 해외법인 의견을 수용하지 못하여 성과가 부진함

▲ 조사 사용 및 생략

중복되는 단어를
제거하기

보고서를 검토할 때 한 문장에서 동일한 단어가 지나치게 반복적으로 사용되면 거슬립니다. 같은 단어가 여러 번 등장하면 문장이 불필요하게 길어지고 지루하게 느껴질 수가 있습니다. 또한 내용을 파악하는 데 불편함을 줄 수도 있습니다. 따라서 중복되는 단어를 생략하거나 문장을 자연스럽게 정리하는 것이 필요합니다.

한 문장에 동일한 단어가 반복되지 않도록 한다

만약 특정 단어를 반드시 반복적으로 사용해야 한다면 의미가 유사한 다른 단어로 바꿔서 표현하는 것이 좋습니다. 문맥에 맞게 적절한 유의어나 대체 표현을 사용하면 의미를 더욱 정확하게 전달할 수 있습니다. 이를 통해 문장이 더욱 간결해지고 독자가 읽기에도 편해집니다. 즉, 단어의 중복을 피하고 적절하게 단어를 교체하면 보다 명확하고 읽기 쉬운 문장을 구성할 수 있습니다.

회사에서 보고서를 작성할 때, 한 문장 안에서 동일한 단어가 반복 등장하는 경우가 종종 있습니다. 이러한 반복은 문장을 단조롭게 만들고 독자가 내용을 이해하는 데 어려움을 줄 수 있습니다. 보고서를 보다 명확하고 가독성 높게 구성하려면 한 문장에서 동일한 단어가 반복되지 않도록 주의해야 합니다.

또한, 문장뿐만 아니라 한 페이지 전체에서도 특정 단어가 과도하게 사용되지 않도록 신경 써야 합니다. 이를 위해서는 의도적으로 문장에서 불필요한 반복을 줄이는 연습을 하고, 동일한 의미를 전달할 수 있는 다양한 표현 능력을 기르는 것이 좋습니다.

이러한 역량이 쌓이면 점점 문장이 자연스럽고 균형감 있게 배치된 보고서를 작성할 수 있습니다. 궁극적으로 적절한 단어 선택은 물론, 문장 구조를 통해 효과적인 보고서를 보다 빠르고 효율적으로 작성하는 능력을 갖출 수 있게 됩니다.

중복 단어 제거로 간결한 문장을 구성한다

〈기존: 중복 단어 있음〉을 살펴보면 반복되는 단어는 '회의', '2026년', '티와이'까지 3개입니다. 〈개선: 중복 단어 제거〉는 이 단어들을 생략하고 간결한 문장과 핵심을 전달하도록 수정했습니다.

기존: 중복 단어 있음

- 회의 제목: 2026년 티와이 사업 전략 수립 회의
- 회의 일시: 2026년 12월 1일(수), 오후 3시
- 회의 참석: 총 10명 (양금식 대표, 홍길동 부장 외)
- 회의 담당: 티와이 인사팀

개선: 중복 단어 제거

- 제목: 2026년 티와이 사업 전략 수립 회의
- 일시: 12/1(수), 15:00~16:00
- 참석: 총 10명 (양금석 대표, 홍길동 부장 외)
- 담당: 인사팀

구어체가 아니라
문어체로 작성하기

여러분은 IT 기술에 익숙하며 디지털 환경에서 자랐다는 특징이 있습니다. 이런 분들에게 보고서를 잘 작성하는 것이 어떠한 것이냐고 질문하면 '보고서 문장과 내용이 간결하고, 도표나 이미지로 중요한 정보를 강조한다'라는 대답을 들을 때가 많습니다.

그런데 여러분이 보고서 작성 시 반드시 고려할 사항은 타인에게 이야기하는 〈구어체〉로 문장을 작성하는 것이 항상 정답은 아니라는 것입니다. 정보를 정제된 표현으로 전달하는 〈문어체〉를 사용하는 것을 권장합니다.

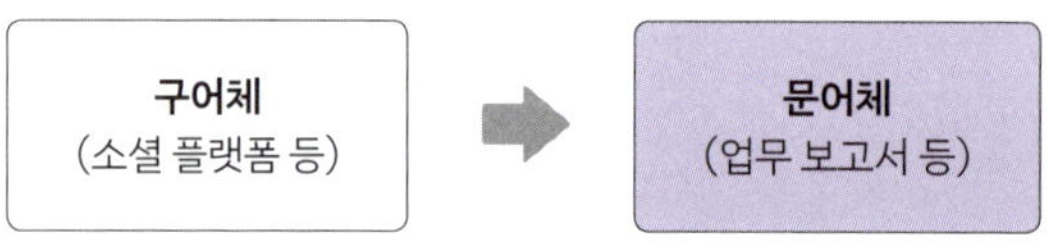

▲ 구어체에서 문어체로 전환

구어체는 보고서에 적합하지 않다

구어체는 따뜻한 느낌을 가지고 있지만 문어체는 건조한 느낌입니다. 업무의 대부분은 시, 수필, 산문, 소설 등 문학 작품을 쓰는 것이 아니고 짧은 시간에 정확한 업무 현황, 주요 내용, 분석, 이슈 등에 대해서 공유해야 하는 보고서를 작성하는 것입니다.

구어체는 감정 전달을 위해서 가족이나 친구와 대화를 할 때, 카톡이나 소셜 플랫폼에 글을 포스팅할 때 편하고 유연성이 있어서 문법적인 예외를 사용할 수도 있습니다. 신입 사원들이 입사 이후에 처음 보고서를 작성하면 구어체를 사용하는 경우가 많습니다만, 구어체는 보고서에 적합하지 않습니다.

정의	• 글에서 쓰는 말투가 아닌, 일상적인 대화에서 주로 쓰는 말투 • 화자와 청자가 직접 마주하거나 실시간으로 소통할 때 사용
특징	• 문장의 성분을 생략하여 대체로 짧고 간결하게 표현함 • 일상적인 단어와 더불어 줄임말과 강조어를 자주 사용함 • 문법에 얽매이지 않고 상황에 따라 자유로운 표현이 많음
사용	• 일상 대화, 소셜 플랫폼, 메시지 등

▲ 구어체 정의 및 특징

문어체로 정제된 표현과 완결성을 유지할 수 있다

문어체는 공식적인 상황에서 사용되는 문장 표현 방식으로, 규칙적인 문장 구조와 고급 어휘 및 문법을 활용합니다. 이를 통해 명확하고 구체적인 정보 전달을 목적으로 회의, 보고서, 이메일, 프레젠테이션 등과 같은 격식을 갖춘 환경에서 사용됩니다. 독자가 내용을 쉽게 이해하고 신뢰할 수 있도록 논리적이고 체계적인 구성을 갖추고 있습니다.

특히 문어체는 구어체보다 정제된 표현을 사용하며 문법적으로 정확한 문장을 유지하려는 경향이 강합니다. 구어체에서는 일상적인 대화 속에서 문장 구조가 단순하거나 생략이 발생하는 경우가 많지만, 문어체에서는 이러한 요소를 최소화하고 문장의 완결성을 유지합니다.

따라서 문어체를 효과적으로 활용하기 위해서는 문법적 정확성을 유지하고 문장이 논리적으로 전개되도록 신경을 써야 합니다. 또한 단순히 정보만 전달하는 것이 아니라, 독자가 내용을 보다 쉽게 이해할 수 있도록 명확한 문장 구성과 적절한 어휘 선택을 연습해야 합니다. 나만의 보고서 작성 방법과 노하우를 정리해 나가는 첫걸음은 구어체에서 문어체로 표현을 전환하는 노력을 시작하는 것입니다.

정의	· 일상적인 대화에서 쓰는 말투가 아닌, 글에서 주로 쓰는 말투 · 독자를 상정하고 정보를 전달하거나 기록을 남기기 위해 사용
특징	· 문법적 규칙을 지키며 문장 구조를 논리적으로 구성함 · 일상적인 단어보다는 격식 있고 추상적인 단어를 사용함 · 사실이나 정보를 전달하므로 공식적인 표현이 많음
사용	· 보고서, 논문, 기사, 공문 등

▲ 문어체 정의 및 특징

한 문장은
한 줄로 작성하기

여러분의 회사에서 주차에 대한 공지 사항이 게시되었는데 한 문장이 무려 다섯 줄로 작성되어 있다고 생각해 봅시다. 이러한 문장은 독자가 처음부터 끝까지 한번에 읽어야 하기 때문에 숨이 가빠지는 인상을 줍니다.

문장의 내용을 이해하는 데 큰 어려움이 있는 것은 아닙니다. 그러나 지나치게 길게 늘어지는 구성 때문에 읽는 사람이 답답함을 느낄 수 있습니다.

문장을 나누면 핵심을 정확히 전달할 수 있다

독자는 문장이 너무 길어지면 중간에 문맥을 놓치거나 핵심 내용을 파악하는 데 불필요한 에너지를 소모합니다. 또한 한 문장 안에 여러 정보가 담기면, 문장의 논리적 흐름을 따라가기가 어렵고 가독성도 떨어지게 됩니다.

특히 공식 문서는 많은 사람들이 빠르게 내용을 이해해야 하므로 가독성이 매우 중요합니다. 따라서 불필요하게 긴 문장은 적절한 길이로 나누어서 작성하는 것이 바람직합니다.

Before–장황한 문장

회사에 주차 공간이 부족하여 지상 주차장 및 지하 주차장에 많은 차량이 이중 주차 및 통로 주차를 하고 있어 출근 및 퇴근 시간에 차량 이동이 어려워 직원들께서 어려움을 겪고 있으므로 직원들 상호 간에 민원이 자주 발생하고 있사오니 다음과 같이 협조하여 주시면 감사하겠습니다.

After– 적절한 문장

회사에 주차 공간이 부족하여 지상 및 지하 주차장에 많은 차량이 이중 및 통로 주차를 하고 있습니다. 출근 및 퇴근 시간에 차량 이동이 어려워 직원들께서 어려움을 겪고 있습니다. 직원 간에 민원이 자주 발생하고 있사오니 다음과 같이 협조하여 주시면 감사하겠습니다.

이러한 문제를 해결하려면 한 문장 안에 여러 내용을 넣기보다는 짧고 명확한 문장으로 나누어 표현하는 것이 효과적입니다. 문장을 나누면 가독성이 높아지고 독자가 핵심 내용을 더 빠르고 정확하게 이해할 수 있습니다. 또한 문장의 호흡이 편하고 자연스러워져 읽는 사람이 부담없이 내용을 받아들일 수 있습니다.

결국 공지문과 같은 문서는 간결하고 명확한 문장으로 구성함이 필수적이며, 독자의 입장에서 보다 쉽게 이해할 수 있도록 배려하는 것이 중요합니다.

단 한 줄로 작성하려면 연습이 필요하다

결론적으로 한 문장을 한 줄로 작성하여 핵심만 전달할 수 있도록 구성한다면 세련된 보고서가 될 것입니다. 옛말에 '보기 좋은 떡이 먹기도 좋다'는 속담이 있습니다. 한 문장을 한 줄로 작성하는 기술은 많은 연습이 필요하고 시행착오를 통해서 점진적으로 좋아질 것입니다.

한 문장 여러 줄	2026년 매출은 550억 원으로 2025년 매출 500억 원과 비교하여 10% 늘어났으며, 2026년 영업 이익은 30억 원으로 2025년 영업이익 20억원과 비교하여 50% 늘어났다.
한 문장 한 줄	· 매출: 2026년 550억 원 (작년 500억 원 比 10% 증가) · 영업이익: 2026년 30억 원 (작년 20억 원 比 50% 증가)

▲ 한 문장 여러 줄에서 한 줄로 전환

다만 문장을 한 줄로 작성할 때 내용이 너무 생략되어 이해하기 어려워지지 않도록 주의해야 합니다. 앞뒤 문맥을 고려하지 않고 지나치게 짧게 줄이면 독자가 이해하기 어렵습니다.

글을 읽는 사람이 배경 지식이 부족해도 이해할 수 있도록 문맥을 유지해야 합니다. 독자의 입장에서 자신이 쓴 글을 다시 읽었을 때, 보고서 문장들이 너무 압축되어 의미가 불분명하다고 판단한다면 다시 풀어서 쓰는 것도 고려해야 합니다.

보고서를
한 페이지로 작성하기

많은 글쓰기 책에서 한 페이지 보고서의 중요성과 작성 노하우 등에 대해서 이야기를 합니다. 가령 보고서 내용을 최대한 A4 1~2장으로 줄이고, 엘리베이터를 기다리고 올라가는 시간(2~3분 이내)에 최고 경영진에게 핵심 내용을 보고하는 스킬을 이야기합니다.

요새는 엘리베이터 속도가 워낙 빨라져서 엘리베이터를 타고 올라가면서 주요 업무 보고를 완료하기가 사실상 어려울 수 있습니다.

엘리베이터 피치
(2~3분 이내)

1페이지 요약 보고
(우수 인재로 각인)

A4 1장으로 이슈를 정확히 파악

명확한 근거 자료와 논리로 요약

짧은 시간에 보고는 두괄식 진행

A/B 의견 제시 및 별첨 추가 등

보고서는 최대한 요약하여 간결하게 1~2장으로 작성해야 합니다. 만약 보고서에 설명해야 할 내용이 많아서 이처럼 작성할 수 없는 상황이라면, 부가적인 내용은 모두 [별첨]으로 분류하여 첨부 자료를 만들면 됩니다.

그러면 여러분은 간결하고 명확한 문장으로 구성된 1페이지 보고서를 작성하는 핵심 인재로 각인될 것입니다. 당연히 리더의 눈높이에 맞추어 첨부 자료도 분량을 줄이겠지만, 보고할 때 참조로 필요한 것들은 반드시 넣어서 작성해야 합니다.

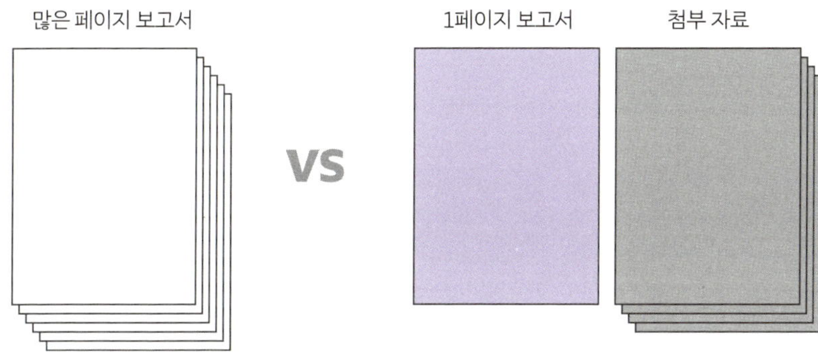

▲ 1페이지 보고서와 첨부 자료 구성

육하원칙으로 작성하기

보고서의 기본은 육하원칙(5W1H)으로 구성하는 것입니다. 누가(Who, 대상/관계), 언제(When, 시간/과정), 어디서(Where, 장소/공간), 무엇을(What, 내용/이슈), 왜(Why, 목적/배경), 어떻게(How, 실행/계획)에 대한 내용이 있어야 합니다. 이와 같은 내용을 포함해야 보고서를 검토하는 리더가 추가 질문을 할 필요가 없어집니다. 저도 보고서를 검토할 때 육하원칙 요소를 기본으로 담고 있는지를 살펴봅니다.

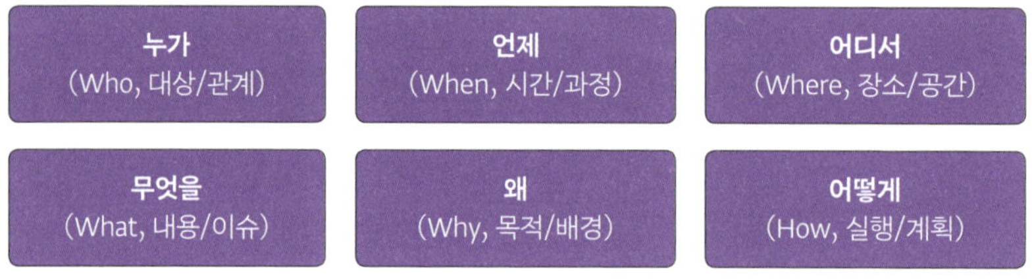

누가 (Who, 대상/관계)	언제 (When, 시간/과정)	어디서 (Where, 장소/공간)
무엇을 (What, 내용/이슈)	왜 (Why, 목적/배경)	어떻게 (How, 실행/계획)

▲ 육하원칙 요소

리더는 보고서의 목적과 배경을 먼저 확인한다

보고서를 검토할 때 가장 아쉬운 사례는 많은 분량의 내용을 핵심 위주로 정리는 잘 했는데, 목적과 배경(Why)을 앞부분에서 기술하지 않거나 미흡하게 설명하는 경우입니다. 보고서는 목적과 배경(Why)을 명확하게 짚고 시작해야 하며, 문서 흐름을 잡아야 집중도가 올라갑니다. 이를 명확하게 기술하지 않고 보고서를 작성하면 전반적인 내용을 이해하는 데 시간이 더 걸릴 수 있습니다. 바쁜 리더의 입장에서 가장 난처한 상황은 보고서를 끝까지 검토했는데 목적과 배경(Why)을 파악할 수 없어서 처음부터 다시 검토해야 하는 것입니다.

보고서의 내용에 대해서 이미 알고 있는 팀 내부의 리더와 부서원들은 목적과 배경(Why)이 없거나 미흡해도 검토하는 데 큰 불편함이 없습니다. 하지만 경영진이나 유관 부서에서 목적과 배경(Why)이 미흡한 보고서를 공유받으면 왜 이 보고서가 작성되었는지 궁금할 것입니다. 따라서 목적과 배경(Why)을 명확하게 알려야 읽는 사람은 그것을 염두에 두고, 전반적인 내용에 대해 검토를 시작하고 이해할 것입니다.

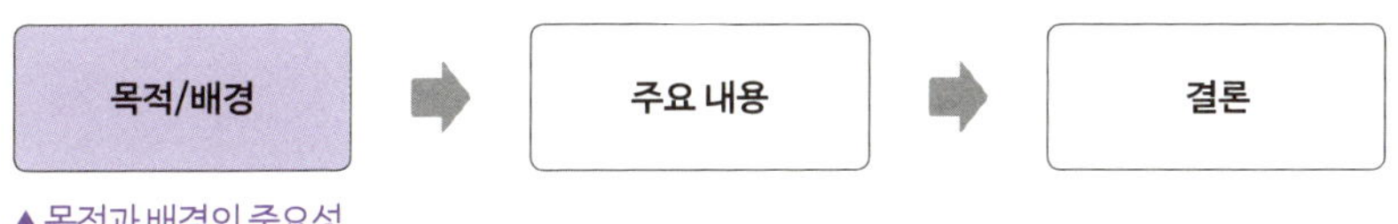

▲ 목적과 배경의 중요성

2차 보고는 1차 피드백을 추가하여 작성한다

제출한 보고서가 한 번에 통과했다면 업무를 잘 진행한 것입니다. 하지만 리더가 검토한 후에 피드백과 추가적인 내용 보완 요청이 발생하여 수정한 보고서로 재보고하는 경우도 더러 있습니다. 이때 업무 담당자들은 리더들이 이전 보고에 대한 피드백에 대해서 자세히 기억한다는 가정 하에 수정한 보고서를 재보고합니다.

하지만 리더들이 많은 보고 중에서 여러분에게 자신이 이야기했던 모든 피드백을 완벽하게 기억하고 있다고 생각하면 착각입니다. 물론 대부분 리더들은 귀신 같이 본인이 피드백한 것을 기억합니다.

그럼에도 불구하고 보고서 앞부분에는 1페이지 이내 분량으로 1차 보고에서 나왔던 주요 의사결정, 피드백, 수정 사항 등을 간단하게 정리하여 리마인드를 하면 효율적인 재보고가 될 수 있습니다.

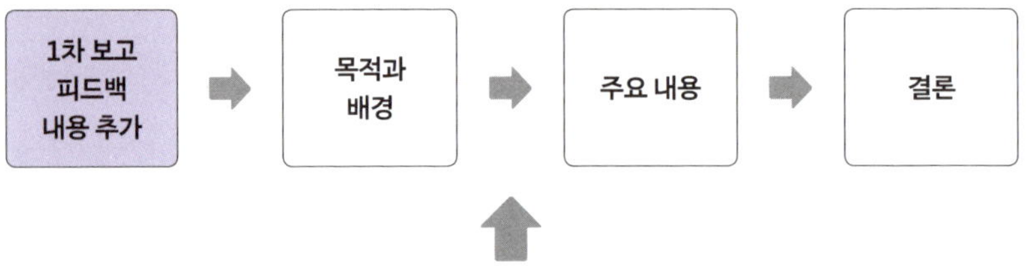

▲ 2차 보고 시 1차 보고 피드백 반영

전체 내용을
핵심 요약하기

대부분의 보고서는 결론을 미괄식으로 배치합니다. 1~2장 분량의 보고서라면 결론을 뒷부분에 구성해도 상관이 없습니다. 보고서가 짧은 분량이라면 목적과 배경을 기억하면서 빠르게 주요 내용들을 파악하고 결론, 실행, 계획이 무엇인지 파악할 수 있기 때문입니다.

하지만 분량이 많은 보고서는 목적과 배경을 기억하고 중간에 많은 내용을 이해하면서 집중해서 끝까지 검토하기가 쉽지 않습니다. 한마디로 리더는 결론이 나올 때까지 궁금해 하면서 마음 속으로는 답답함을 느끼며 검토하게 됩니다. 이를 해결하기 위해서는 보고서를 작성할 때 앞부분에 결론을 우선 제시하고, 두괄식으로 구성하면 이해도를 높일 수 있습니다.

두괄식	• 보고서 핵심 내용을 앞부분에 배치하는 구성 • 중요 정보를 먼저 제시하고 설명과 근거를 이어나감 • 녹자 관심을 빨리 끌이야 함 • 핵심 메시지 전달이 빨라야 함 • 논리적이고 체계적 구성 필요
미괄식	• 보고서 핵심 내용을 뒷부분에 배치하는 구성 • 서론과 본론을 제시하고 결론을 마지막으로 이어나감 • 독자 관심을 천천히 끌어도 됨 • 단계적으로 설명해서 전달함 • 배경에 대한 충분한 설명 필요

▲ 두괄식과 미괄식 비교

보고서 앞부분에서 핵심적인 결론 내용을 우선 참고할 수 있다면 보고서 완성도에 대해서 좋은 첫인상을 가질 수 있습니다. 따라서 리더에게 본인이 작성한 보고서를 공유하거나 보고할 때 참고 사항, 특이 사항, 이슈 등에 대해서 보고서 맨 앞에 요약하면 명확하게 내용이 전달됩니다.

또한 중요한 보고서를 작성할 때는 제목 페이지에 리더에게 전달하고 싶은 핵심적인 메시지를 1~2줄로 간단하게 정리해서 공유하는 방법도 있습니다. 보고서 첫 번째 페이지에 핵심 내용을 명확하고 간결하게 요약해서 전반적으로 보고서에 대한 이해를 높여서 검토하도록 유도하면 더욱 효과적이기 때문입니다.

글로벌 애니메이션 업체 현황 보고

당사 애니메이션 콘텐츠의 경쟁력 강화를 위해
글로벌 애니메이션 업체 분석을 통한 개발 전략 도출

2026. 10. 30
미래전략실

▲ 제목 표지 핵심 요약 예시

첫 페이지에 전체 핵심 내용을 요약한다

저는 중견 기업으로 이직해서 1년에 2~3개 이상의 중요한 사업 전략 보고서를 작성하는 TF 업무를 수행하였습니다. 사업 전략 보고서를 작성하려면 평균적으로 3~4개월이 소요되었으며 분량도 많았습니다. 그래서 사업 전략 보고서를 작성할 때 첫 페이지에 요약본을 반드시 작성하였습니다. TF에서 작성된 보고서는 경영진에게 보고 및 유관 부서에도 공유되었고 최종적으로 본사에도 보고되었습니다.

많은 분량의 보고서는 발표를 듣지 않으면 정확하게 내용을 이해하지 못할 수도 있습니다. 또한 검토 시간을 줄이기 위해서라도 보고서 앞부분에 한 페이지로 요약본을 작성하면 좋습니다. 새로운 콘텐츠(영화, 드라마, 애니메이션, 게임)에 대한 제작 기획서를 발표할 때 앞부분에 전체 콘셉트에 대한 요약 동영상을 보여주면 반응도 좋고 이해도가 높아지는 것과 비슷합니다.

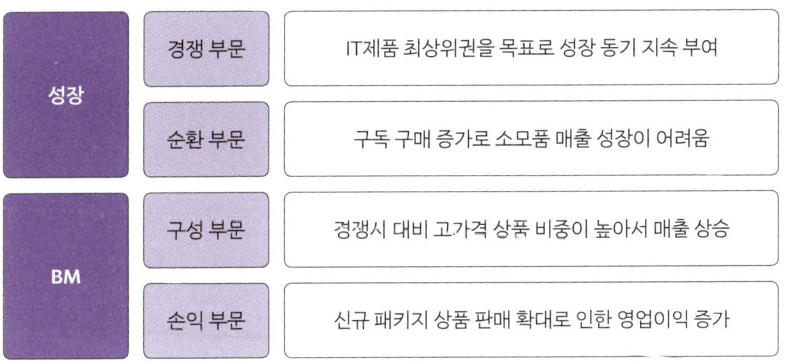

▲ 첫 페이지에 핵심 요약 예제

리딩 문장으로
핵심 전달하기

담당자가 보고서를 발표하면서 리뷰를 할 때 아쉬운 사례가 있습니다. 보고서의 페이지별 내용 정리가 잘 되어 있다고 생각하고 발표 내용을 듣는데, 이상하게도 본문 내용과 발표 내용이 다르게 흐르는 경우입니다.

심지어는 본문 내용에서 무엇을 이야기하려고 하는지 예상할 수 없는 경우도 있습니다. 모든 보고서가 대면 보고로만 이루어지는 것은 아닙니다. 서면 보고를 하거나 유관 부서에 공유되는 경우도 있습니다. 많은 시간을 들여서 작성했음을 잘 알기에 너무도 아쉬운 점입니다.

페이지 상단에 리딩 메세지를 작성한다

이런 경우에는 페이지별 리딩 메세지를 1~2줄로 작성하면 보다 쉽게 내용을 전달할 수 있습니다. 워드로 작성한 보고서는 주로 텍스트 위주로 구성되기 때문에 큰 이슈가 없으나, 파워포인트로 작성한 보고서는 본문 내용에 이미지 등을 많이 사용하고 텍스트를 최소화하고는 합니다.

보고서 작성 역량 강화를 위하여 반드시 사전에 체크해야 하는 것이 있습니다. 바로 한 페이지에서 하고 싶은 이야기 또는 메시지가 무엇인지를 생각하고, 페이지 상단에 한 두 줄로 작성했는지 확인하는 것입니다.

실제로 저는 사원이라도 보고서 작성 업무 중에 페이지별로 상단에 전달 메시지를 생각하고 작성하는 훈련을 진행하면서 보고서 작성 수준이 빠르게 성장하는 모습을 자주 보았습니다.

경쟁사 광고 유형 조사

**5개 유형 광고 제시를 통해
신규 IT 제품 고객의 사용 목적성을 제공하도록 함**

□ A형 광고	□ B형 광고	□ C형 광고	□ D형 광고	□ E형 광고
이미지	이미지	이미지	이미지	이미지

▲ 리딩 문구 작성 사례

저는 경영 컨설팅 업체에서 작성한 전략 보고서를 접할 기회가 많았습니다. 이러한 보고서들은 페이지별 상단에 반드시 전달하고자 하는 메시지가 한눈에 들어오도록 구성합니다.

또한 도입 부분에 요약본(Executive Summary)을 정리하는 경우도 많았습니다. 파워포인트 보고서 상단에 페이지별 리딩 메세지들만 모아서 정리하면, 보고서의 스토리 흐름이 맞는지 점검할 수도 있고 보고서 요약본을 작성하는 기본 자료가 될 수 있습니다.

과감히 압축하는 법

- ☐ 문장을 압축하기 위해서 한자어 또는 기호를 사용하여
  최대한 간결하게 문장을 작성한다.

- ☐ 문장의 간결함을 위해 동사를 명사형으로 전환하거나,
  동사의 명사형 종결 어미도 과감히 추가 생략해서 압축한다.

- ☐ 부사와 조사는 문장의 의미를 설명하거나 강조하는 역할을 하나,
  문장에 없어도 핵심 내용이 잘 전달된다면 사용하지 않는다.

- ☐ 중복 단어를 생략하여 간결한 문장과 핵심 내용을 전달하면
  보고서 작성 역량이 향상된다.

- ☐ 타인에게 이야기 하는 <구어체>가 아니라,
  업무에 대한 정보를 전달하는 <문어체>로 문장을 작성한다.

- ☐ 한 문장을 한 줄로 작성하면 가독성이 높고 핵심 내용을
  잘 전달할 수 있으나, 많은 연습이 필요하다.

- ☐ 리더는 핵심 내용으로 정리된 최소 페이지 보고서를 선호하므로,
  추가로 설명해야 할 내용이 많으면 [별첨]으로 첨부한다.

- ☐ 보고서는 목적과 배경(Why)을 명확하게 제시하고 시작해야 하며,
  문서의 방향을 잡고 작성할수록 집중도가 올라간다.

- ☐ 보고서를 작성할 때 앞부분에서 전체 내용에 대한 결론을
  우선 제시하고 두괄식으로 구성하면 이해도를 높일 수 있다.

- ☐ 보고서 페이지별 상단에는 전달하고자 하는 리딩 메시지를
  1~2줄로 한눈에 들어오도록 작성한다.

강하게
집중시키는 법

강한 첫인상으로
시작하기

우리는 상대방의 첫인상으로 짧은 순간에 호감도를 판단합니다. 특히 첫인상은 짧은 시간에 결정되기 때문에 외모에서 풍기는 이미지가 가장 많은 영향을 끼칩니다. 보고서도 제목과 도입부에서 강렬한 첫인상을 주며 집중시켜야 합니다. 경영 컨설팅 회사 또는 경제 연구소의 보고서는 제목과 배경에서 경영진의 관심도를 최대한 높이는 전략을 사용합니다.

보고서 제목으로 관심을 유발한다

제목을 보면 내용이 예상되거나 연계된 내용에 대해서 생각하게 됩니다. 예를 들면 〈전사 소프트웨어 개발 역량 현황 보고〉, 〈전사 중장기 사업 전략 보고〉는 제목만 보더라도 중요한 내용이 있을 것 같은 느낌이 듭니다. 보고서 제목은 전체 내용을 아우르는 핵심 사항으로 정리하면 좋습니다. 본문에서 전혀 언급되지 않는 내용이나 보고서 전체 내용을 전달하기에 미흡한 제목으로 작성하지 않도록 주의해야 합니다.

보고서 분량이 상대적으로 적은 경우에는 포괄적인 제목(현황, 동향, 방안 등)보다는 구체적인 제목(계획, 이슈, 추진 등)으로 작성합니다. 손에 잡히는 명확한 표현이 효과적입니다.

글로벌 IT 기업에서 근무할 때 경영진에게 공유할 내용으로 매출이 100조 원을 돌파할 것이라는 2페이지 보고서를 작성한 경험이 있습니다. 2024년에는 매출이 300조 원, 영업이익이 33조 원 정도의 수준입니다. 최근 실적을 다룬 숫자와 비교하면 매출 100조 원 달성이 오래된 이야기 같고 상대적으로 작아보일 수도 있습니다.

하지만 당시 본사 경영진은 보고서 제목을 읽고, 과거에 부러워했던 다른 글로벌 IT 기업들과 비교해도 손색이 없는 매출 100조 원을 처음 달성한다는 강한 첫인상으로 시작하는 보고서에 높은 관심을 가졌습니다. 당시 경영진은 보고서 내용을 유심히 살펴보았고 결과적으로 이 보고서는 전체 임직원들에게 성공 스토리를 전달하는 자료로 활용되었습니다.

전사 매출 100조 원 달성 현황 보고

글로벌 시장 환경의 어려움 속에도 신규 사업부문
매출 향상을 통해서 2025년 100조 원 이상을 달성함

2026. 1. 20
경영기획실

▲ 강한 보고서 첫인상 사례

영화는 도입부에 강한 임팩트가 있도록 제작하고, 드라마는 1~2화에 제작비를 들여서 최대한 재미있게 만들어 정주행을 유도합니다. 심리학의 '초두 효과'를 활용하는 것으로, 무엇을 처음 접했을 때 뇌에 입력된 정보가 나중에 입력된 정보보다 기억에 잘 남는 현상을 활용하는 전략입니다.

보고서의 배경과 목적에 임팩트 있는 내용이나 문구가 있으면 초반 집중도가 극대화됩니다. 단순하게 업무 현황에 기반한 내용을 나열하지 말고 차별화된 내용으로 스토리가 있게 시작하세요. 검토하는 리더를 영화 관객이나 드라마 시청자와 같이 자극할 수 있습니다.

구체적인 결론을
도출하기

보고서에서 목적, 배경, 현황을 잘 정리해 놓고 결론이 명쾌하지 않은 경우도 있습니다. 결론은 인상적으로 압축하고 마무리를 해야 하는 부분입니다. 축구로 비교하면 골대 근처에서 슈팅을 하는 순간입니다. 물론 결론 부문을 도출하기 어려운 경우도 있지만, 리더들은 담당자가 어떤 결론을 가지고 있는지 시작 페이지부터 궁금증을 가지고 살펴봅니다.

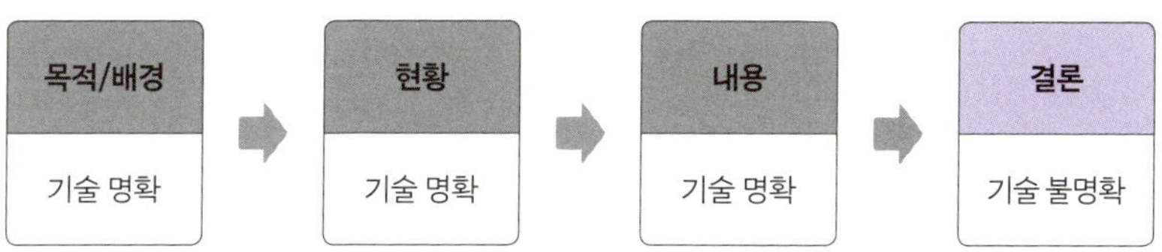

▲ 보고서 작성 시 결론 불명확

보고서를 마무리하면서 본인의 의견을 반드시 제시한다

보고서의 결론에는 가치를 부여해야 합니다. 따라서 본인 의견을 제시하는 〈제언〉을 작성하면 훌륭한 마무리가 됩니다. 마무리가 좋아야 완성도가 있다고 인정을 받을 수 있습니다.

주의할 점은 분량을 늘리기 위해서 억지로 노력하지 않는 것입니다. 결론에 본문 내용을 반복해서 정리하면서 끝맺거나, 불필요한 내용으로 중언부언하면 안됩니다. 최종적으로 핵심으로 전달하고자 하는 메시지를 담백하게 담아야 합니다.

| 제언 | 보고서의 의의와 가치를 부여하기 위해
본인 의견을 제출하는 <제언>을 추가하면 좋음 |

▲ 보고서 결론에서 제언의 역할

결론에 확신이 없으면 A/B 방안을 제시한다

구체적인 검토 의견은 있으나 확신이 없을 때가 있습니다. 또는 몇 가지 선택지가 있는 경우에는 〈A/B 방안〉으로 정리합니다. A방안과 B방안에 대한 각각의 장점과 단점을 작성하고 비교를 통해서 의사결정을 유도하는 것입니다.

담당자가 51% 이상으로 강조하고 싶은 것을 A방안으로 보고하는 경향이 있으나, 최대한 객관적인 관점에서 〈A/B 방안〉으로 결론을 도출하는 편이 더 도움이 됩니다. 다만 여러 가지 선택 방안이 있을 때는 최대 3개의 선택지를 넘기지 말고, 가능하다면 2개로 제안하는 것이 올바른 의사결정을 할 수 있는 길입니다.

| A/B 방안 | 검토 의견에 대해 여러 선택지가 있는 경우에도
가능한 <A/B 방안>으로 정리하면 좋음 |

▲ 보고서 결론에서 A/B 방안 제시

주어진 시간이 짧으면 결론이 아닌 이슈로 정리해서 보고한다

보고서를 작성하다 보면 생각보다 작성 시간이 많이 걸릴 것으로 예상되는 경우가 있습니다. 그래서 주어진 시간 안에 작성을 해야 하지만 결론까지 도달하지 못하고 〈이슈〉 또는 〈특이 사항〉으로 정리하게 됩니다. 이럴 때는 이슈에 대한 핵심 내용을 정리하면서 심각성과 중요성을 환기하고 해결의 필요성과 시급함을 강조합니다.

물론 제시된 이슈에 대하여 적절한 대안까지 제시하면 좋으나, 짧은 시간에 검토한 내용들에 대해서 리더가 바라보는 시각은 다를 수 있습니다. 따라서 결론을 내기 위해서 무리하게 주장하는 의견이 오히려 역효과가 날 수 있으므로 조심스럽게 접근해야 합니다.

마지막으로 글로벌 IT 기업에서의 경험을 다시 예로 들어 설명하겠습니다. 주요 보고서를 작성하면 실천 방안으로 핵심 과제를 도출하고 반드시 실행 기간과 담당 부서를 명확하게 정리하세요. 많은 시간과 인원이 투입된 보고서에 대해서 보고만 진행하고 흐지부지 되는 상황을 방지하기 위함입니다. 선정된 핵심 과제는 실행될 수 있도록 유관 부서와 공유하고 경영진의 지시에 따라 적절히 추진될 수 있도록 관리합니다.

이슈	보고서 작성 기간이 짧으면 결론까지 도달하지 못하고 <이슈> 또는 <특이 사항>으로 정리하는 경우도 있음

▲ 보고서 결론에서 이슈 제시

리더로 빙의해서
질문하기

보고서 작성을 완료하고 잠시라도 시간을 내어서 리더로 빙의해서 상세 내용을 다시 한번 검토하세요. 이를 통해서 리더의 예상 질문을 도출하고 답변을 위한 자료를 준비할 수 있습니다.

흔한 실수는 전달하려는 정보에 대한 정리 순서가 담당자 관점과 리더 관점이 다르다는 것을 인지하지 못해서 발생합니다. 담당자는 보고서를 미괄식으로 정리를 하지만, 리더는 두괄식으로 정리된 보고서를 받고 싶어한다는 것을 잊지마세요.

리더로 빙의해서 예상되는 질문을 검토한다

보고서를 작성한 후에 리더로 빙의하여 어느 부분에서 예상되는 질문이 있는지를 체크하면, 그 질문에 답변할 수 있도록 내용을 수정 또는 추가할 수 있습니다. 리더가 궁금해 할 수도 있는 질문을 예상하고 먼저 해결해야 보고 업무에 대한 완벽한 준비가 되는 것입니다.

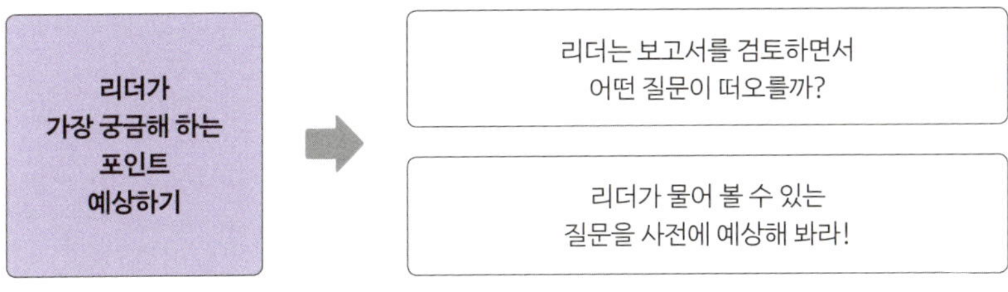

▲ 리더로 빙의해서 예상 질문과 답변 검토

리더의 업무 스타일을 정확히 파악하지 못했거나 리더가 해당 보고서의 내용을 처음 접하는 상황이라면, 예상 질문에 대해 충분한 백업 자료를 준비해야 합니다.

보고서를 작성하는 실무자는 해당 업무를 직접 수행하면서 많은 시간을 사용해서 분석하고 정리하기 때문에, 누구보다도 그 내용에 대한 이해도가 높아집니다. 그러나 리더는 실무자가 놓칠 수 있는 부분을 축적된 경험을 바탕으로 날카롭게 질문할 수 있습니다. 이러한 질문에 대해 담당자가 즉각적으로 명확한 답변을 제공할 수 있다면 신뢰도를 높이는 데 큰 도움이 됩니다.

리더는 빠르게 핵심 내용을 파악하고 중요한 의사결정을 내려야 하기 때문에 관련된 추가 자료나 근거 데이터까지 준비해 두는 것이 필요합니다. 예를 들어 특정 수치의 변동 이유, 유사 사례 비교, 예상 리스크 및 대응 방안 등에 대한 자료가 있습니다.

이러한 내용을 미리 준비해 두면 리더의 질문에 막힘없이 답변할 수 있습니다. 이렇게 철저한 준비가 이루어진다면 보고서의 신뢰도가 높아질 뿐만 아니라 실무자의 업무 역량에 대해서 긍정적으로 평가 받을 것입니다.

예를 들어 총무팀이 비품 구매 보고서를 작성한다고 가정하겠습니다. 먼저 구매 품목을 카테고리별로 정리하고, 각 품목의 비용을 기록한 후, 마지막에 총 비용과 부가세 포함 여부를 정리하는 방식으로 보고할 것입니다.

반대로 리더는 보고서를 검토할 때 가장 먼저 총 비용이 얼마인지 알고싶어 합니다. 그 다음으로 카테고리별 소계 금액을 확인하고, 마지막으로 개별 품목의 가격이 적정한지를 검토하는 순서로 진행합니다. 이와 같이 리더로 빙의해서 가장 궁금해 하는 포인트를 예상하며 보고서를 작성해야 합니다.

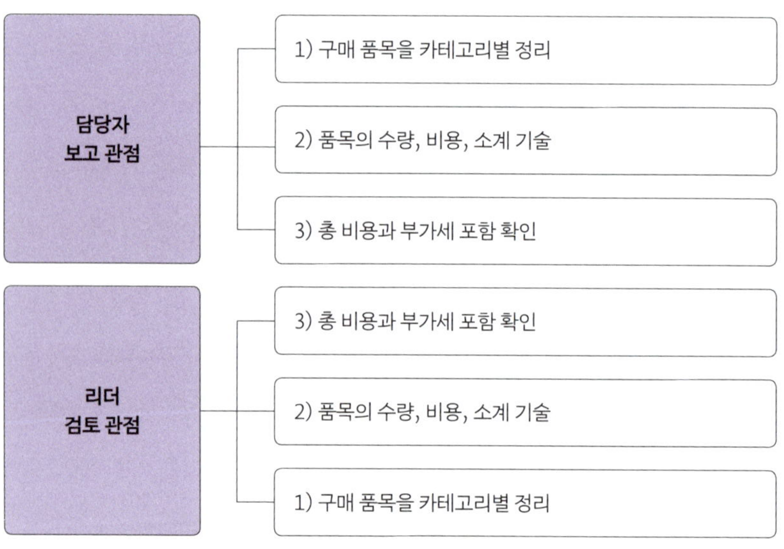

▲ 업무 보고 방식 차이점 사례

의미 있는 데이터를
제시하기

2011년에 컬럼비아 픽처스에서 제작한 야구 영화 〈머니볼〉을 보면서 데이터 분석의 중요성을 느꼈습니다. 그 영화에서는 메이저리그에서 만년 최하위이고 우승은 다른 구단에 뺏기기 일수인 오클랜드 애슬레틱스라는 구단이 있습니다.

단장은 기존의 선수 영입 방식과는 다르게 통계학과 수학을 접목해서 경기 데이터를 분석했습니다. 그 결과 다른 구단에서 외면 받던 선수들을 파격적으로 팀에 기용합니다.

결론적으로 최하위였던 팀이 2002년 메이저리그 사상 처음으로 20연승 대기록을 달성합니다. 단장은 경험을 기반으로 한 주관적인 판단 능력을 신뢰하지 않고 데이터를 기반으로 팀을 운영한 것입니다.

보고서에 데이터가 포함되면 신뢰도가 높아진다

보고서를 작성할 때 내용을 정성적으로만 작성하면 어느 순간 나의 보고서에 '힘'이 없다고 느껴지는 순간이 옵니다. 보고서에 힘을 주려면 정량적인 데이터 자료가 들어가서 논리적인 내용으로 뒷받침해야 합니다.

회사에서 중요한 보고서를 보면 1~2페이지의 분량이라도 반드시 데이터가 확실하게 요약되어 있을 것입니다. 데이터가 없는 보고서는 팥이 없는 찐빵입니다.

중요한 이슈가 제시되었을 때 이를 뒷받침하는 의미 있는 데이터가 함께 제공된다면 리더의 입장에서는 보고서의 신뢰도가 더욱 높아집니다. 또한 2개 부서가 어떤 이슈에 대해서 팽팽한 협의를 해야 하는 경우에도 데이터를 기반으로 하는 회의 자료가 있으면 큰 도움이 됩니다.

단순한 의견이나 가설이 아니라, 객관적인 수치를 기반으로 한 분석 결과가 포함된다면 해당 내용을 더욱 신뢰하고 빠르게 결정을 내릴 수 있습니다.

예를 들면 보고서를 작성할 때 의미 있는 데이터를 먼저 제시한 후, 이를 뒷받침하는 설명을 덧붙이는 방식으로 작성하면 됩니다. 리더가 핵심 내용을 빠르게 이해하고 집중하도록 유도할 수 있습니다.

▲ 데이터를 통한 보고서 신뢰도 향상

보고서에 포함할 데이터를 분석하고, 그 속에서 유의미한 인사이트를 도출하여 요약하는 과정은 결코 쉬운 일이 아닙니다. 보고서의 기본적인 틀과 내용을 정리한 후에도, 데이터 가공 및 분석 과정에서 예상보다 많은 시간이 소요되는 경우가 발생합니다.

때로는 데이터가 제대로 정리되지 않아 며칠을 소비하게 됩니다. 따라서 보고서를 작성할 때는 내용 정리뿐만 아니라, 핵심 데이터를 효과적으로 분석하고 정리하는 작업에도 충분히 시간을 투자해야 합니다. 데이터가 명확하고 체계적으로 정리될수록 보고서의 설득력이 높아지고 리더가 신속하고 정확한 의사결정을 내리는 데 도움이 될 것입니다.

보고서의 고객은
누구인가

회사에는 의장님, 사장님, 대표님, 총괄장님, 본부장님, 실장님, 팀장님 등 다양한 리더들이 존재합니다. 보고서를 작성한 후에 최종 대상자를 고려하여 항목을 재구성하거나, 정보 공개 범위 설정, 눈높이에 맞는 이슈 제시 등 문서 고도화가 필요합니다.

보고 대상자에 따라 내용과 구성을 변경한다

회사에서 중요한 이슈에 대해서 최고 경영자에게 보고하는 핵심 내용과 팀장에게 보고하는 내용이 다를 수 있습니다. 특히 회사 내 주요 의사결정을 위한 대외비 수준의 핵심 내용이 많다면, 보고서 내용 구성이 확실하게 다르게 수정 및 편집될 수도 있습니다.

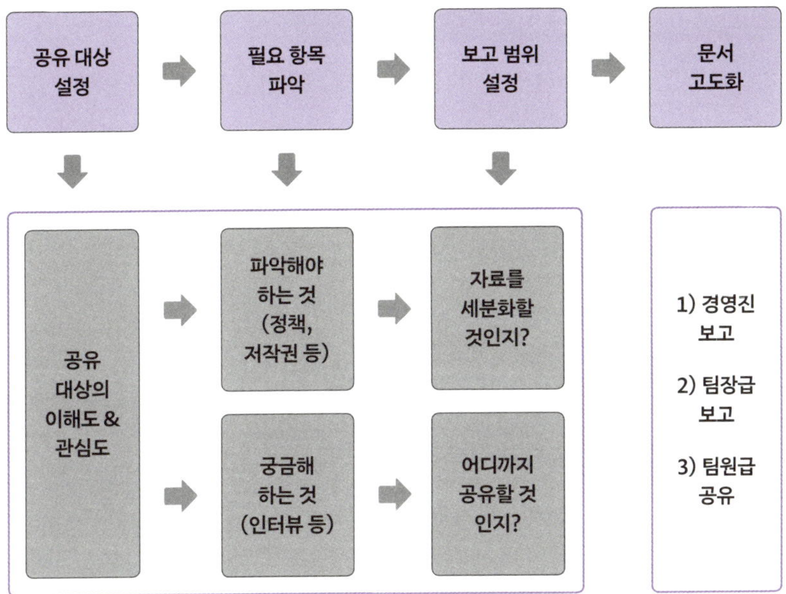

▲ 최종 보고서 대상자 선정

보고서 편집의 방향은 최종 대상자가 누구인지에 따라 달라집니다. 이에 따라 이슈를 제기하거나 강조하는 부문에 대하여 눈높이를 맞춰야 합니다. 따라서 기회가 있을 때 경영진에게 보고된 중요 자료를 확보해서 살펴보세요. 확실히 보고서 형식과 완성도가 다름을 느낄 수 있습니다.

경영진 또는 리더에게 보고할 때 주요 이슈 사항에 대해서 의사결정을 요청해야 하는 경우가 있습니다. 대부분은 보고서 내용을 장황하게 작성한 후에 맨 뒷부분에 의사결정에 대한 내용을 언급하는데, 이러면 리더들이 보고서를 다시 처음부터 살펴봐야 하는 경우가 생길 수 있습니다.

리더는 보고서 앞부분에서 전반적인 내용을 이해하고 무엇을 결정해야 하는지를 명쾌하게 제시하는 것을 선호합니다. 리더들은 바쁜 일정 속에서 여러 업무를 처리해야 합니다. 보고서의 도입부를 읽는 것만으로도 전체적인 내용을 빠르게 이해할 수 있어야 합니다. 핵심 내용을 요약하여 전달하면, 리더들이 시간을 절약하고 중요한 사항에 집중할 수 있습니다.

보고서를 작성하는 담당자도 단순히 정보를 전달하는 것이 아니라, 리더가 의사결정을 내릴 수 있도록 도와야 합니다. "리더가 무엇을 알고 싶어 하는가?", "어떤 정보가 부족한가?" 등을 생각하면서 내용을 구성하세요. 보고서 가장 앞부분에 최대 3가지 선택지 이내로 장단점, 비용 비교 등 리더가 관심을 가지고 의사결정을 할 수 있는 내용으로 정리하면 좋습니다.

이때 오랜 시간 동안 조사, 분석, 검토한 결과에 대해서 가장 선호하는 내용을 1안으로 제시하면 효과적입니다. 이렇게 하면 리더는 불필요한 시간을 낭비하지 않고 빠르게 의사결정을 내릴 수 있으며 효율적인 보고가 될 수 있습니다.

□ 제목: 북미 지역 특허 출원을 위한 견적서 검토 및 의사결정 필요
□ 이슈: 북미 지역 특허 출원을 진행할 경우 유럽도 동시 출원 요청
  ☞ 신사업 진출을 위해서 북미와 더불어 유럽 포함 필요
□ 비용
1안) 북미 출원 등록 단계에서 유럽 포함 출원 : 350만 원
2안) 북미 출원 등록 단계에서 유럽 제외하고 출원 : 200만 원

▲ 의사결정을 위한 보고 사례

보고 전에
반드시 복기하기

바둑 용어인 '복기'는 바둑을 두고 그 판국을 비평 및 내용을 검토하기 위하여 두었던 순서대로 다시 처음부터 놓아 보는 것입니다. 바둑의 고수들은 복기의 중요성을 강조합니다. 대국 승패의 결과와 상관없이 대국의 내용을 연구, 검토하는 것은 본인의 실력을 늘리는 데 큰 도움이 된다고 합니다.

"복기는 바둑을 한 판 두고
그 판국을 비평 및 내용을
검토하기 위하여 두었던
순서대로 다시 처음부터
놓아 보는 것이다."

▲ 바둑에서 복기의 의미

보고 전에 차분한 마음으로 최종 확인한다

보고서 초안을 작성한 후 처음에 쓰고자 했던 내용과 메시지가 정확히 표현되고 있는가를 복기하면 좋습니다. 초안을 작성하고 처음부터 끝까지 내용을 천천히 다시 한번 확인하면서 내용을 압축하는 방향으로 검토하세요.

우선 초안을 작성할 때는 본문의 페이지별로 최대한 많은 내용을 자세하게 추가합니다. 그리고 복기를 하면서 본문에 있는 내용이지만 별첨으로 이동하거나 삭제해도 되는지 과감하게 판단합니다.

처음부터 끝까지 차분한 마음으로 5~10분 이내로 천천히 살펴보면 오타, 지표 숫자, 단위, 띄어쓰기, 들여쓰기, 내려쓰기, 주석, 출처, 별첨 링크 등에 대한 수정할 부분을 발견할 수도 있습니다. 보고서를 최종 점검하여 오류를 줄이고, 내용 파악에 방해가 될 수 있는 요소는 확인하여 제거 또는 수정해야 합니다.

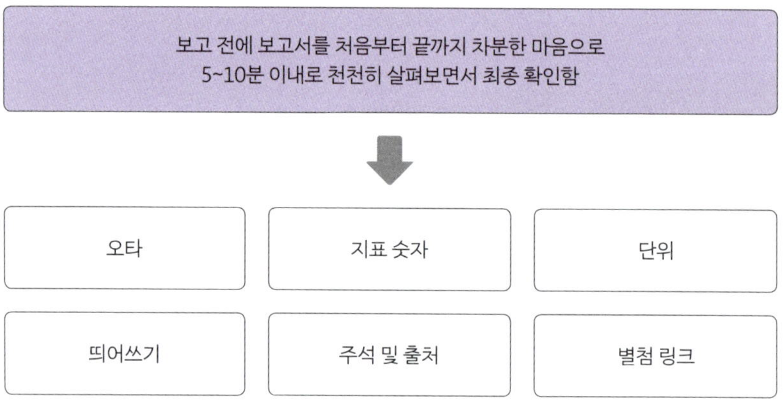

▲ 보고 전에 최종 검토 의미

보고서를 프린터로 출력해서 종이 문서로 읽어보는 것도 추천합니다. 대부분 모니터로 보고서를 검토하고 메일로 보고하는 것으로 업무 문화가 바뀌었습니다. 하지만 종이로 문서를 출력해서 검토할 때 의외로 보고서 완성도를 높이는 힘이 발휘될 수도 있습니다.

보고서를 작성하는 여러 역량을 합쳐서 만점이 100점이라면, 많이 작성하고 노력하면 90점까지는 누구나 도달할 수 있습니다. 이러한 역량은 경험을 쌓고 연습하면 향상될 수 있습니다. 하지만 단순히 많이 써 본다고 해서 완벽한 보고서가 되는 것은 아닙니다.

완성도를 높이기 위해서는 마지막 10점을 채우는 최종 과정이 필요합니다. 보고서를 작성하는 마지막 단계에서 복기를 통해서 상세 검토와 수정 과정을 거치면 완성도가 더 높은 보고서를 만들 수 있습니다.

업의 본질을
파악하기

회사에서 사업 전략, 개발 전략 등을 수립할 때 가장 먼저 고민해야 하는 것이 있습니다. 바로 '현재 사업과 프로젝트는 과연 무엇인가?'라는 업의 본질입니다. 이 질문에 스스로 1~2줄로 명쾌하게 설명하거나 정의를 내릴 수 있어야 합니다.

업의 본질에 대한 특성을 고민해야 한다

모든 보고서는 업의 본질을 이해하고 정의를 내려야만 올바른 방향으로 전략이나 계획 수립이 가능합니다. 만약 업의 본질을 잘못 잡으면 많은 비용을 투입해서 작성한 보고서 결과물이 회사를 제대로 경영할 수 없는 전략과 전술로 도출되어서 큰 낭패를 보게 됩니다.

구분	기존	변경
카페	커피	공간
호텔	숙박	서비스

▲ 업의 본질 파악 사례

업의 본질과 특성은 차이점이 있습니다. 업의 본질은 한 번 정의를 해 놓으면 단기간에 잘 변화하지 않습니다. 업의 특성은 대내외 환경 요인(기술 발전,

소비 니즈, 정부 정책, 산업 구조, 경쟁 업체 등)에 따라 변화할 수 있는 속성을 가지고 있으므로 제대로 파악하려면 주의해야 합니다. 최근 경영 트렌드인 지속 가능 경영, ESG(환경, 사회, 지배구조) 등인 비재무적 요소도 복합적으로 고려해서 업의 특성을 파악합니다.

주요 보고서는 리더가 큰 방향을 이끌더라도 결국 실무자들이 주도적으로 작성하게 됩니다. 저도 실무자일 때 많은 보고서를 주도적으로 작성해야 했습니다. 특히 중요한 보고서 초안을 마무리할 때, 업의 본질을 정확히 파악하고 작성하였는가에 대한 질문을 스스로 가지고 복기했던 경험이 떠오릅니다.

보고서 완성도는 업에 대한 전문성에 비례한다

처음에는 어려움이 많았지만 IT 업계에서 10년 정도 근무하면서 획득한 업에 대한 이해도와 전문 지식을 기반으로 업의 본질을 보다 정확하게 정의할 수 있게 되었습니다. 물론 사람마다 이러한 자신만의 정의를 내릴 수 있을 때까지의 시간 차이는 있습니다.

보고서는 리더에게 정보를 전달하여 의사결정을 내리게 하거나 방향성을 정하는 기능을 합니다. 그래서 업에 대한 전문성이 있어야 보고서의 내용이 틀리지 않고, 핵심적인 내용을 제대로 기술할 수 있습니다. 만약 보고서에 업계의 용어, 흐름, 관점 등에 있어서 전문성이 떨어지거나 잘못된 정보가 발견되면 보고서 전체에 대한 신뢰도가 떨어집니다.

업의 본질과 특성을 파악하고 있다면 불필요하게 많은 분량으로 작성된 보고서가 아니라 핵심적인 내용으로 정리된 결과물이 산출될 것입니다. 간혹 어떤 사람들은 업의 본질과 특성을 제대로 반영하지 않고 많은 분량으로만 보고서를 작성하여 어필하려는 경향이 있습니다. 업계 특유의 사고 방식과 문제에 대처하는 시각을 이해하고 있다면 간결하고 제대로 된 보고서를 작성할 것입니다.

저는 지금도 실무자들이 작성한 보고서를 리뷰할 때 업의 본질을 정확히 반영한 보고서인지를 검토합니다. 풀어서 이야기하면 '사람이 땅에 발을 딛고 있어야 제대로 힘을 사용할 수 있듯이' 보고서 내용도 땅에 닿아 있는 듯한 보고서인지를 살펴봅니다. 보고서가 단순히 상황을 나열하는 게 아니라, 업의 본질을 담아서 문제를 진단하고 해결책을 제시하는 실질적인 내용이어야 강한 실행 계획까지 도출되어 성과로 연결됩니다.

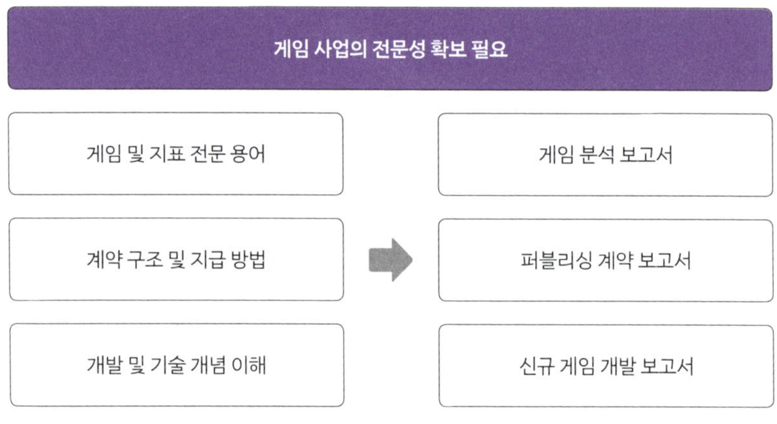

▲ 업에 관련된 전문 지식 보유 사례

데이터에 대한
키워드를 도출하기

보고서에서 단순히 숫자 증감만 제시하면 전체 데이터의 흐름을 이해하기 어렵습니다. 데이터 변화 원인을 파악하는 이유는 어떤 요인이 중요하게 작용했는지 확인하기 위함입니다. 혹은 데이터의 변화 배경을 명확히 파악함으로써 객관적인 판단 근거를 제공하는 것입니다.

이를 통해서 핵심적인 키워드를 도출하면 데이터의 중요 포인트를 명확히 전달할 수 있습니다. 이것은 리더가 한눈에 중요한 내용을 파악하고 빠르게 이해할 수 있도록 도와줍니다.

데이터를 분석할 때 변곡점을 우선 체크한다

수학에서 배우는 개념인 변곡점은, 곡선이 오목에서 볼록으로 변하는 지점이나 반대로 볼록에서 오목으로 변하는 지점입니다. 보고서에서 숫자 변화를 볼 때 가장 먼저 체크하는 것이 변곡점의 유무입니다.

▲ 데이터 추세 변곡점

예를 들어 월 매출이 지속 상승하던 중에 하락했다면 일시적 현상인지, 변곡점인지를 확인합니다. 반드시 어떠한 대내 또는 대외 원인에 의하여 변화된 결과이기 때문입니다.

또한 통계학에서 데이터가 일정한 방향으로 나아가는 흐름을 보다 명확하게 그래픽으로 표시하는 추세선은 예측 문제를 분석할 때 사용됩니다. 선형, 로그형, 다항식형, 거듭제곱형, 지수형, 이동평균형 등 여러 방식의 추세선이 있습니다.

하지만 데이터 구조에 따라서 어떤 것이 가장 효율적인 분석 형태가 될 것인가는 다릅니다. 보고서에서 과거 특정 기간의 실적 데이터를 활용하여 미래 실적 데이터를 간단히 예상할 때 엑셀 함수 FORECAST 등도 사용합니다.

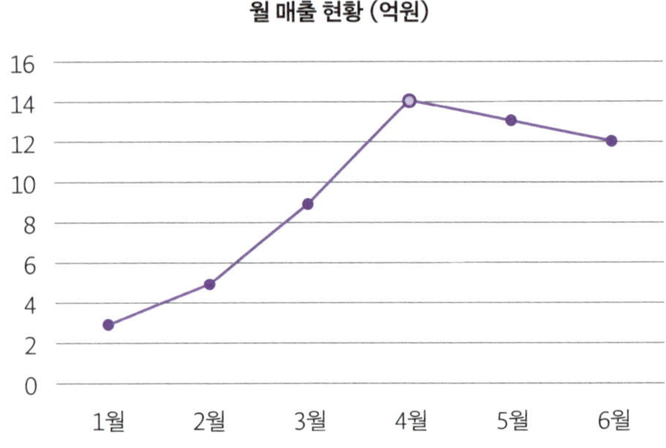

▲ 추세선과 변곡점에 대한 사례

중견 및 중소 기업에서 월별 매출을 예상할 때는 단순하게 매출 추세만 검토하는 것이 아니라, 매출에 영향을 끼치는 복합적 요소들을 잘 반영해야 합니다. 업의 특성을 이해하고 오랜 시간 경험에 기반한 변수(시즌, 명절, 업데이트, 이벤트 등)들을 고려하면 상세하게 예측할 수 있습니다.

구분	매출 영향	내용
시즌	높음	방학, 장마, 겨울
	약함	시험 기간, 여름
명절	높음	설날, 추석
월별	높음	월초, 월말
업데이트	높음	즐길 거리
이벤트	높음	마케팅, 콜라보

▲ 콘텐츠 사업 매출 변수

결론적으로 보고서에서 데이터 변화의 원인을 분석하고 키워드를 도출하는 업무는 단순한 정보 제공을 넘어섭니다. 실질적인 인사이트를 전달하고 의사결정 과정에서 유용하게 활용될 수 있도록 하는 중요한 작업입니다.

목록은 3개 항목으로 구성하기

2000년대 초 전자 제품은 일본의 전자 회사에서 생산하는 글로벌 1등 제품들이 많았습니다. 소니, 도시바, 샤프, NEC, 캐논, 산요 등에서 TV, VCR, 카메라, 프린터, 모니터 등 수많은 전자 제품들을 선도했습니다.

최근 국내 IT 기업들이 글로벌 IT 기업으로 성장해서 다양한 제품군(스마트폰, 노트북, TV, 생활 가전 등)에서 글로벌 1위를 많이 하고 있습니다.

글로벌 경영 컨설팅 회사의 보고서 구성을 참조한다

과거 국내 IT 기업은 미국, 일본, 유럽에 글로벌 1위 제품을 보유한 다른 IT 기업들과 경쟁하기 위해서 글로벌 경영 컨설팅 회사를 활용하여 내부 진단을 하고 경쟁사를 벤치마킹하며 사업 전략 방향을 수립하였습니다.

유명한 글로벌 경영 컨설팅 회사로는 맥킨지앤컴퍼니, 보스턴컨설팅, 베인앤컴퍼니, 딜로이트컨설팅, AT커니 등이 있습니다. 글로벌 경영 컨설팅 회사에서 작성한 전략 보고서를 읽어보면 많은 분량임에도 불구하고 페이지마다 요약된 핵심 내용이 잘 정리되어 있습니다. 또한 간결하게 구성된 차트와, 인사이트가 있는 데이터를 제시한 도표들을 적절하게 배치하였습니다.

보고서 작성 역량을 높이기 위해서 다양한 자료를 참조할 수 있지만, 기회가 닿아 글로벌 경영 컨설팅 회사가 작성한 보고서를 살펴본다면 많은 도움이 될 것입니다. 처음부터 끝까지 논리적으로 내용을 이어나가며 결론을 도출해 내는 것을 느낄 수 있습니다.

목록은 3개 항목으로 구성한다

글로벌 경영 컨설팅 회사의 보고서를 살펴보면 내용 자체는 동일하더라도, 페이지 구성이나 편집에 대해서 벤치마킹을 할 것이 많습니다. 주요 내용에 대한 설명을 위한 목록은 3개 항목으로 구성됩니다.

내용을 적을 때는 최소 2개 이상, 최대 5개 이하로 주요 항목을 적으면 됩니다. 전달할 내용이 많더라도 3개로 정리해야 검토하기 좋은 구성이 됩니다. 일반적으로 3이라는 숫자가 사람들이 정보를 기억하고 이해하기에 적합한 개수이기 때문입니다.

3개 항목	4개 항목	5개 항목
· 사용자 맞춤 AI 추천 · 주요 상품 구매 유도 · 광고 노출 기능 구현	· 사용자 맞춤 AI 추천 · 주요 상품 구매 유도 · 광고 노출 기능 구현 · 콜라보 매출 효과	· 사용자 맞춤 AI 추천 · 주요 상품 구매 유도 · 광고 노출 기능 구현 · 콜라보 매출 효과 · 구매를 위한 기능 개선

▲ 목록 나열 방법 비교

예를 들어, 설문 조사에서 '서술식'으로 답변을 받았다면 유사한 내용끼리 분류하여 5~10개 정도로 나눌 수 있습니다. 이 중에서 상위 3개 답변 정도만 보고서에 주요한 답변 내용으로 기술하고, 나머지 내용은 별첨으로 정리하면 좋습니다.

거듭 이야기하지만 예시를 3개 항목으로 정리하면 독자가 이해하기에 적절한 양의 정보가 제공됩니다. 예시를 체계적으로 정리하면 보고서 논점이 명확해지고, 메시지를 효과적으로 전달할 수 있습니다.

스마트폰 매출 순위	TV 매출 순위	콘솔 매출 순위
· 삼성전자(한국) · 애플(미국) · 샤오미(중국) 등	· 삼성전자(한국) · LG전자(한국) · TCL(중국) 등	· MS(미국) · 소니(일본) · 닌텐도(일본) 등

▲ 목록별 3개 항목 사례

초반에 집중해서
진도 나가기

업무를 잘하는 직원과 잘하지 못하는 직원의 차이가 두드러지는 지점이 있습니다. 업무 지시를 받았을 때 시작, 중간, 완료 시점에 어떻게 집중하고 몰입하는가에 대한 차이입니다.

초반 몰입으로 완성도를 높일 수 있다

다양한 스타일의 부서원들과 업무를 함께 수행한 적이 있습니다. 그중에는 역량은 괜찮지만 안타깝게도 업무를 후반에 몰아쳐서 진행하는 일부 부서원도 있었습니다. 같은 업무를 수행하면서 초반, 중반에 리더에게 진행되는 경과도 간단하게 공유하고 업무 진행을 빠르게 하면 업무 완성도 측면에서 효과적입니다. 그러나 대부분의 경우에는 업무 진행 습관이 잘 바뀌지 않았습니다.

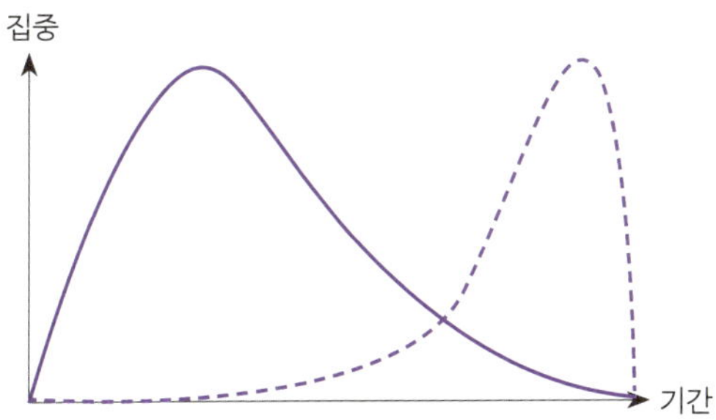

▲ 초반 몰입과 후반 몰입 형태

업무를 초반부터 집중해서 계획적으로 빠르게 수행하면 완료 시점을 당길 수 있습니다. 이렇게 하면 충분히 검토할 시간이 있으므로 실수나 오류가 적어지고 완성도가 높아집니다. 업무 초반에 몰입과 집중으로 일정을 준수하고 마지막에 여유 있게 최종 점검을 통해서 완성도를 높이는 패턴을 만들어 보세요.

초반부터 몰입을 하면 안정적으로 업무 일정을 준수할 수 있는 기반이 됩니다. 가능하면 최종 보고 전에 중간 보고를 실시하여 전체적인 보고 내용을 점검함으로써 수정 및 보완할 기회를 마련하는 것이 좋습니다. 이를 통해 업무의 완성도를 높이는 것 뿐만 아니라 보다 정확하고 신뢰성 있는 결과물을 도출할 수 있습니다.

후반에 몰입을 시작하면 불안정한 일정 준수와 상세한 검토가 부족하여 오류가 발생할 가능성이 높아집니다. 이렇게 올린 보고서를 최종 확인해 보면 오타, 지표 숫자, 단위, 띄어쓰기, 들여쓰기, 내려쓰기, 주석, 출처 등에 대한 수정 사항이 발견됩니다. 보고서를 최종 점검하여 오류를 줄이고 내용 파악에 방해가 될 수 있는 요소는 확인하여 미리 제거 또는 수정해야 합니다. 만약 최종 보고 후에 수정 사항이 많이 나오면 추가 작성할 시간이 부족하므로 업무 완성도가 낮아집니다.

초반 몰입	후반 몰입
· 안정적 일정 준수	· 불안정한 일정 준수
· 검토를 통한 미오류	· 검토 부족으로 오류
· 중간 보고로 수정	· 최종 보고 후 추가 수정
· 업무 완성도 높음	· 업무 완성도 낮음

▲ 초반 몰입과 후반 몰입 차이점

강하게 집중시키는 법

☐ 보고서의 제목만 보더라도 높은 관심도를 유발시키고
영화와 드라마처럼 도입부에서 강한 임팩트가 있도록 구성한다.

☐ 보고서를 마무리하면서 본인 의견을 제안하거나
2개의 의견이 있으면 A/B 방안으로 제시한다.

☐ 보고서를 작성한 후에 리더로 빙의해서 예상 질문을 체크하고
충분한 백업 자료를 준비한다.

☐ 보고서에 데이터를 제시하면 논리성의 타당함을 뒷받침할 수 있으나
데이터에서 인사이트를 도출하는 시간이 필요할 수 있다.

☐ 최종 보고 대상자에 따라서 중요한 이슈에 대한 내용과 구성을
다르게 편집할 수 있다.

☐ 보고 전에 보고서를 처음부터 끝까지 차분한 마음으로
5~10분 이내로 천천히 살펴보면서 완성도를 점검한다.

☐ 보고서를 잘 작성하려면 업의 본질을 정확히 이해해야 하며
보고서의 완성도는 업에 대한 전문성과 이해도에 비례한다.

☐ 데이터를 분석할 때 변곡점이 있는지 확인하고 원인을 파악하며
업의 특성과 계절 변수 등을 복합적으로 고려한다.

☐ 전달할 목록이 많더라도 가독성을 고려하여 3개 항목으로
구성하면 내용을 검토하기 좋다.

☐ 보고서 작성 업무를 맡았을 때 초반부터 집중해서 수행하여
완료 시점을 당기면 실수나 오류가 적어지고 완성도가 높아진다.

효율적으로
작성하는 법

보고서 양식과 폰트를 확보하기

같은 부서에서 작성되는 보고서 형태가 매번 다르면 업무 일관성이 부족하고 효율성이 낮아집니다. 또한 새로운 팀원이 부서에 입사했는데 보고서 형태가 다르면 리더가 보고서를 검토할 때 불편할 수도 있습니다.

회사별 또는 부서별로 보고서, 기획서, 품의서, 회의록 등 일반적으로 사용되는 보고서 문서 양식이 있습니다. 부서에 배치되면 초기에 빠르게 확보하고 처음에는 어색하더라도 최대한 부서 문서 양식에 맞추어서 작성하세요.

자신이 속한 부서의 보고서 양식을 활용한다

제가 새로운 회사에 이직을 하거나 새로운 부서에 발령이 나면 가장 먼저 확보하는 것이 보고서 문서 양식과 전문 용어를 정리한 자료입니다.

글로벌 IT 기업의 본사 경영기획팀으로 첫 출근할 때의 느낌은 아직도 생생하게 기억납니다. 건물 엘리베이터에서 내려서 사무실 출입문을 조심히 열고 들어갔는데 문서를 작성하는 키보드 소리도 잘 들리지 않을 정도로 조용한 사무실 근무 문화가 어색했습니다.

그 당시에는 책상 위에 유리를 깔아서 사용하기도 했는데, 어떤 선배의 책상 유리 아래에는 〈기본 문서 양식〉 프린트물 한 장이 있었습니다. 그 문서는 제목, 날짜, 부서명, 내용, 글꼴, 크기, 줄 간격, 표, 들여쓰기, 단위 등에 대한 규칙을 자세하게 설명하고 있었습니다.

많은 부서원들이 동일한 문서 양식을 공유하며 동일한 형태로 마치 한 사람이 작성한 것처럼 문서를 작성하였습니다. 저도 기존 부서 문서 양식을 버리고 본사 문서 양식을 바로 활용해서 보고서를 작성했던 기억이 납니다.

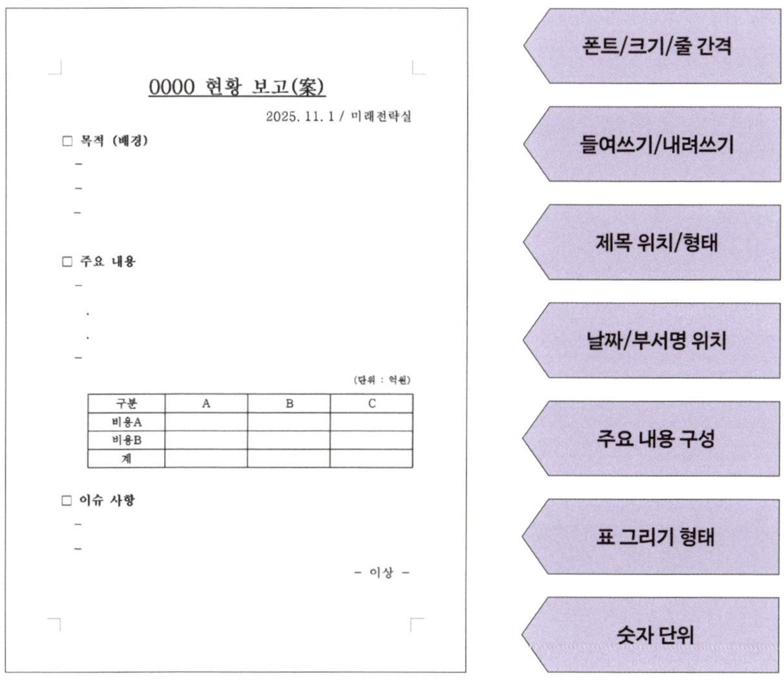

▲ 부서의 보고서 기본 양식 사례

IT 제품에 들어가는 어려운 소프트웨어 개발 내용을 보고서에 작성하면 실무를 담당하는 개발자들은 쉽게 이해합니다. 하지만 본사 임원들에게 공유되는 보고서는 고등학생에게 설명하듯이 쉬운 표현과 이미지를 사용해서 작성했습니다.

회사마다 보고서를 잘 작성하는 선배가 있을 것입니다. 저도 글로벌 IT 기업의 연구소에서 근무할 때 기술기획 문서를 잘 작성하는 선배가 있었습니다. 선배가 작성한 보고서를 벤치마킹 하였고, 다른 부서원들도 선배의 보고서를 활용하여 보고서를 작성하였습니다. 그 선배가 작성한 보고서는 큰 도움이 되었고, 결과적으로 부서 보고서의 완성도와 업무 효율성이 굉장히 높아졌습니다.

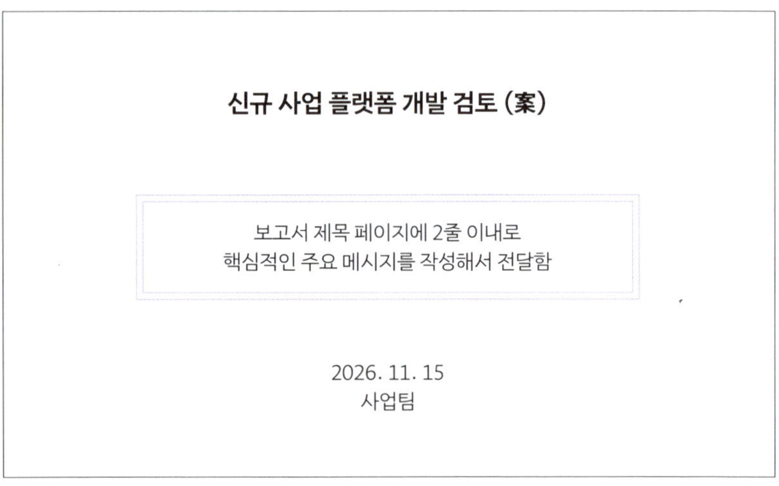

▲ 보고서 기본 양식 사례

회사에 입사하거나 새로운 부서에 배치되어서 처음 보고서를 작성할 때 본인이 기존에 익숙한 폰트를 사용하는 경우가 있습니다. 하지만 조직에서 처음 보고서를 작성할 때는 부서에서 주로 사용하는 폰트가 있는지 동료에게 확인하면 좋습니다.

이전에 근무를 했던 대기업에서는 자체 폰트를 제작해서 전사에 공유 및 배포하여 보고서에 통일감이 있었습니다. 간혹 중소 기업에서 유료 폰트의 비용을 지급하지 않고 사용해서 나중에 큰 비용을 지급하는 난처한 상황이 발생하기도 합니다.

네이버에서 무료로 배포하는 오픈 라이선스 폰트들은 개인 및 기업 사용자 모두가 영리적 또는 비영리적 목적으로 자유롭게 사용할 수 있습니다.

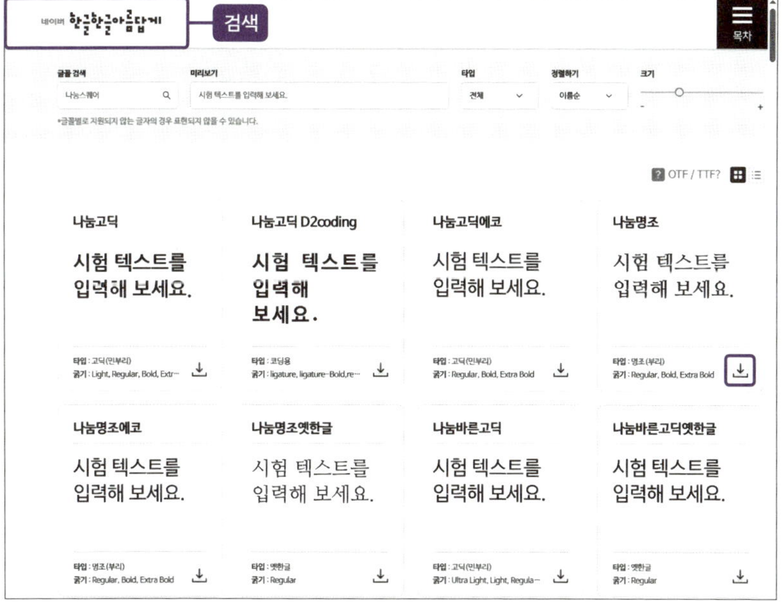

▲ 네이버 한글한글 아름답게

네이버 검색창에서 '네이버 글꼴 모음' 또는 '한글한글 아름답게'로 검색하고 다운로드하면 됩니다. 다운로드한 폰트를 클릭해서 화면이 나타나면 [설치] 버튼을 누릅니다. 이렇게 하면 폰트가 윈도우에 자동으로 설치됩니다. 단, 폰트 무료 지식재산권 정책은 변경될 수 있으므로 사용할 때마다 주의 깊게 살펴야 합니다.

업무 속도를 위해
템플릿 확보하기

보고서는 내용이 명확하고 메시지가 쉽게 전달되는 구성으로 작성해야 합니다. 이를 위해 간결한 구조와 시각적 요소를 적절히 활용하여 독자의 이해도를 높이는 것이 중요합니다. 단순히 텍스트로만 작성하는 것보다는 표, 다이어그램 등을 포함한 템플릿을 활용하면 가독성을 개선할 수 있습니다.

다양한 템플릿을 확보해서 효율성과 완성도를 높인다

템플릿은 특정한 형태와 구조를 미리 만들어 놓은 틀로, 동일한 유형의 보고서를 작성할 때 유용합니다. 매번 백지에서 시작하는 대신에 준비된 템플릿을 활용하면 업무 효율성이 향상되고 보고서 완성도가 높아집니다. 효율적으로 작성하기 위해서는 목적에 맞는 템플릿을 선택하고, 핵심 내용을 일관성 있게 배치하는 것이 필요합니다. 중요한 정보가 쉽게 눈에 들어오도록 구성을 한다면 설득력 있고 이해하기 쉬운 보고서를 작성할 수 있습니다.

보고서를 효과적으로 작성하는 직원들의 작업 방식을 관찰해 보면, 그들은 다양한 템플릿, 차트, 클립 아트, 이미지 등을 보유하고 있습니다. 이것들을 적극적으로 활용하면 보고서의 완성도를 높일 수 있습니다. 유사한 유형의 보고서를 작성해야 하는 경우에는 부서에서 이미 작성된 자료를 참고하거나 기존에 보유하고 있는 자료를 적극적으로 활용하세요. 이를 통해 불필요한 반복

작업을 줄이고, 보다 신속하고 효율적으로 보고서를 작성할 수 있습니다.

단기간에 보고서 작성 역량을 올리려면 다양한 방법으로 템플릿을 확보하고 중장기적으로 본인이 작성한 보고서 자료를 꾸준히 축적하세요. 회사 또는 부서에서 사용하는 템플릿, 유료 또는 무료 사이트에서 확보한 템플릿, 경영 컨설팅 회사의 템플릿 등이 있는지 확인하면 도움이 됩니다.

최근에는 생성형 AI 사이트에서 템플릿을 추출해서 빠르게 보고서를 작성할 수도 있습니다. 다만, 무료 사이트에서 제공하는 템플릿을 사용하는 경우에는 반드시 사용 조건에 제한이 있는지 확인해야 합니다. 개인적으로 사용하는 것은 무료지만, 공식적인 발표 자료에 사용하면 유료 조건이 있는지 반드시 확인하세요. 추후에 지적재산권에 대한 위반 소지가 발견될 수 있습니다.

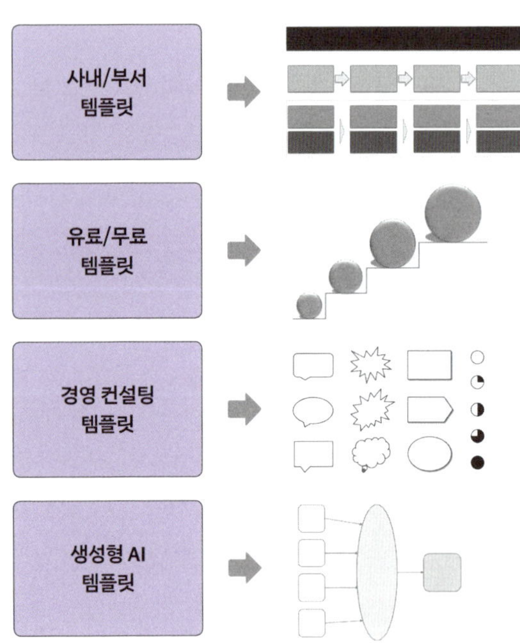

▲ 다양한 문서 템플릿 확보

업무 효율을 위한
생성형 AI 활용하기

회사에서는 오피스 프로그램, 이메일, 메신저 등으로 업무를 수행합니다. 오피스 프로그램인 워드, 엑셀, 파워포인트는 학생 시절부터 사용해 본 경험이 있어서 기본적인 업무가 가능할 것입니다. 다만, 자신이 속한 부서에서 필요한 특별한 기능들은 추가적으로 학습하면 업무를 더욱 능숙하게 수행할 수 있습니다.

오피스 프로그램은 문서 작성, 데이터 분석, 보고서 발표 등 다양한 형식으로 정보 전달을 할 수 있도록 도와줍니다. 잘 정리된 워드 문서나 파워포인트 문서는 내용을 핵심적으로 요약해서 전달할 수 있어서 업무 수행에 중요한 역할을 합니다.

협업 오피스 프로그램으로 전환한다

많은 회사들이 클라우드 기반의 협업 오피스(구글 워크스페이스 등)를 도입하여 팀원 간에 실시간 협업 작업을 할 수 있는 업무 환경을 제공합니다. 이렇게 하면 업무 속도를 높이고 오류를 줄일 수 있습니다.

부서원들이 협업 오피스 프로그램을 사용해서 보고서 초안을 작성하면, 리더가 동시에 접속하고 함께 보면서 직접 보고서를 수정하기도 합니다. 협업 오피스 프로그램을 활용해서 업무를 수행할 때는 실시간으로 보고서 작성 업무 역량이 타 동료와 비교될 수 있으니 제대로 활용하도록 각별히 노력해야 합니다.

추가적으로 그래픽이나 영상 프로그램인 포토샵, 일러스트, 프리미어 등을 잘 사용하면 업무 효율성을 높아지고 업무 범위가 넓어집니다. 최근에는 다양한 업무와 접목하여 생산성을 높일 수 있도록 시대 흐름에 맞춘 새로운 생성형 AI 학습도 필요합니다.

개별 오피스 프로그램	· 개별 작업 후 통합 가능 · 개별 PC에 데이터 저장 · 데이터 위치에서 사용 · 업무 속도 상대적 느림

▲ 개별 오피스 프로그램 특징

협업 오피스 프로그램	· 여러 명이 동시 공유 사용 · 클라우드에 데이터 저장 · 언제 어디서나 사용 · 업무 속도 상대적 빠름

▲ 협업 오피스 프로그램 특징

생성형 AI를 활용하여 보고서 업무 효율성을 높인다

2023년부터 생성형 AI인 ChatGPT가 본격적으로 확산되기 시작했습니다. 생성형 AI는 다양하게 출시되고 있습니다. 또한 기존 생성형 AI들은 고도화되고 있으며, 개인 업무 역량에 대한 증강 도구로 점진적으로 확대되리라 예상합니다. 모든 분야에서 마치 춘추전국시대를 지내듯이 몇몇 생성형 AI들은 업데이트 속도가 빠르게 진행되고 유료화를 기반으로 좋은 기능이 추가되고 있습니다.

저도 ChatGPT(대화형 인공지능 챗봇으로 정리된 정보 제공), Nano Banana(이미지 생성기이면서 다양한 편집 이미지를 생성), Napkin AI(파워포인트에 활용할 수 있는 텍스트에 대한 시각화 툴) 등을 사용하면서 업무 효율성을 생생하게 체감하고 있습니다.

현재는 업무에서 보조적인 역할을 수행하는 수준입니다. 하지만 생성형 AI의 유료 버전은 빠르게 발전하고 있어 새로운 기능들이 기대됩니다. 여러분도 시대의 흐름에 맞춰 새로운 생성형 AI를 배우고 활용하여 업무 생산성을 향상하길 바랍니다.

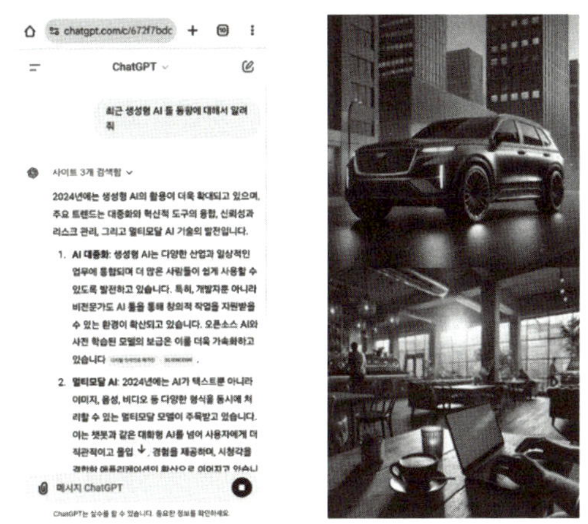
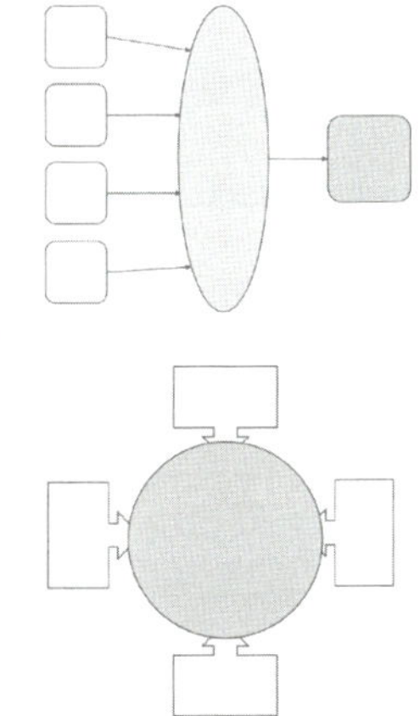

▲ 생성형 AI 결과물 사례

리더의 보고서 스타일을 따라하기

보고서 작성 과정은 체계적으로 이루어집니다. 담당자와 중간 리더가 보고서 초안을 작성하고, 리더에게 보고하여 피드백을 받은 후 수정을 거쳐 완성합니다. 예를 들어 임원이 본사 회의에서 발표할 자료를 준비해야 할 때, 실무진은 보고서 초안을 작성하는 역할을 맡게 됩니다. 이때 실무자들이 작성한 보고서 초안을 리더가 받아서 검토할 때 본인이 자주 사용하는 단어, 문구, 문장, 표현, 사례 등이 담겨 있으면 수정 사항이 적어지기도 합니다.

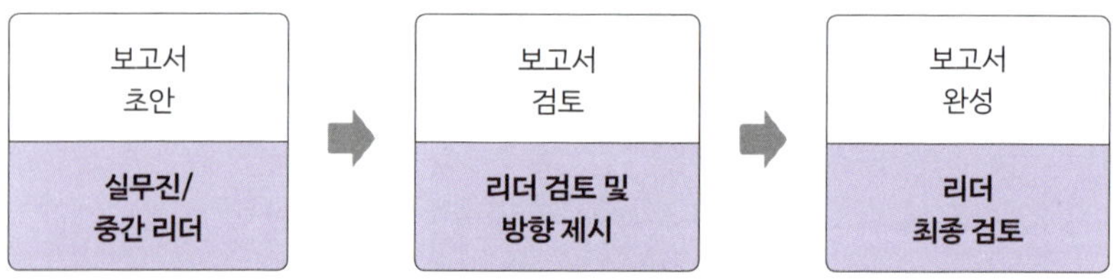

▲ 일반적인 보고서 작성 과정

새롭게 부서에 배치된 직원이 보고서 초안을 작성해야 하거나, 오랫동안 함께 일했던 리더가 교체된 경우에는 여러 사항을 복합적으로 고려해야 합니다. 새로운 리더가 선호하는 보고서 스타일을 빠르게 파악하고 리더의 눈높이에 맞춰 내용을 구성하는 것이 중요합니다.

리더가 선호하는 보고서 스타일을 파악한다

새로운 리더를 만날 때마다 어떤 스타일로 보고서를 작성하는지 단박에 파악하기란 쉽지 않습니다. 리더마다 그동안 쌓아온 경력과 업무 방식이 모두 다르기 때문입니다. 리더가 이전에 검토해서 통과된 보고서 스타일을 파악하면 도움이 됩니다.

텍스트를 중심으로 작성하는 것을 선호하는지, 이미지를 중심으로 작성하는 것을 선호하는지, 텍스트와 이미지를 적절하게 사용하는 것을 선호하는지, 숫자 또는 차트로 작성하는 것을 선호하는지 등을 파악하면, 보고서 구성을 리더 눈높이에 맞추어서 작성하는 것이 더 수월합니다. 물론 단순히 리더의 선호가 아니라 보고서 내용과 주제에 따라서 보고서 스타일이 정해지기도 합니다.

리더가 회의에서 언급한 내용을 보고서에 활용한다

리더가 회의에서 이야기한 내용을 보고서 작성에 활용하면 좋습니다. 리더들이 참석하는 회의에서 언급한 내용이 있는 회의록을 확보하여 활용하면 도움이 됩니다.

회사의 조직 문화에 따라서 회의록을 빠르게 공유해 주는 회사가 있습니다. 반대로 회의록을 일부 부서가 관리하고 정보 보안을 위해서 공유를 하지 않으려는 회사도 있습니다. 이러한 경우에도 최대한 노력해서 회의록을 공유받도록 노력해야 합니다.

리더가 보고서를 검토할 때 특정한 용어나 문구를 자주 사용할 수도 있습니다. 따라서 보고서를 작성할 때 리더가 익숙하게 사용하는 표현을 반영하면 리더의 기대와 일치하는 보고서를 만들 수 있습니다. 만약 유사한 표현이 있더라도 가능하면 리더가 사용하는 용어와 문구를 그대로 적용하는 것이 바람직합니다.

리더가 선호하는 보고서 스타일 파악	어떤 스타일로 문서를 작성하는지 파악하기 어려움 → 리더가 이전에 검토한 보고서를 사전 파악해 봄
	회의에서 이야기한 내용을 작성에 활용하면 좋음 → 리더가 참석한 회의록을 확보하면 도움이 됨
리더의 눈높이에 맞춰 내용을 구성	자주 사용하는 용어나 문구를 사용해서 작성함 → 유사한 용어보다 동일한 용어와 문구를 사용함

보고서 작성 역량 강화로 업무 시간 효율적으로 단축 가능

▲ 리더의 보고서 스타일 참조

과거 자료를
확보하고 파악하기

송나라 시대에 살았던 문인 구양수는 글을 잘 쓰려면 삼다(三多)인 다독(多讀), 다작(多作), 다상량(多商量)이 필요하다고 말했다고 합니다. 이와 비슷하게 회사에서 보고서를 잘 작성하는 것도 삼다(三多)가 필요합니다. 이에 더하여 진정한 프로 일잘러를 목표로 한다면 주요 업무 자료에 대한 다집(多集)도 필요합니다.

일반적으로 중소기업은 직원수 300명 이하, 중견기업은 직원수 1,000명 이하, 대기업은 직원수 1,000명 이상입니다. 삼성전자와 같은 글로벌 IT 기업의 직원 수는 약 12만 명입니다. 이들이 만들어 내는 보고서 자료의 양은 엄청나게 많을 것입니다.

> 다독(多讀), 다작(多作), 다상량(多商量)

> 다집 (多集)

▲ 송나라 구양수 글 잘 쓰는 법

새로운 부서에 배치되거나 새로운 업무를 담당하게 되었을 경우에 과거에 보고된 자료들이 어디에 있는지 파악해서 최대한 자료를 확보하면 좋습니다. 이를 통해서 첫 번째로는 회사나 조직의 과거 성과, 성공 전략, 실패 사례를 전반적으로 파악할 수 있습니다. 두 번째로는 과거 데이터를 통해 패턴과 트렌드를 발견할 수 있습니다. 세 번째로는 위기 및 이슈 상황에 대한 리스크를 동일하게 관리하여 대응할 수 있습니다. 네 번째로는 부서 포맷을 적극적으로 활용하여 업무 효율성을 높일 수 있습니다.

부서의 과거 자료들은 '영혼까지 끌어 모아서' 확보해야 합니다. 예를 들어, 전임자 PC에 저장된 파일, 리더가 보고를 받으면서 확보한 파일, 별도 구축된 부서 서버에 있는 파일, 구글 드라이버에 공유된 파일 자료 등이 있습니다. 회사에서 문서를 저장하고 공유하는 프로젝트 관리 툴을 사용하고 있는지 확인하는 것도 중요합니다.

·공유 드라이브/인트라넷 ·리더/관리자에게 요청	·유관 부서에게 요청 ·주요 회의체 보고 자료

과거 성과, 성공 전략, 실패 사례 등 전반 파악	과거 데이터를 통해 패턴과 트렌드 발견
부서 포맷 활용으로 업무 효율성 향상	위기 및 이슈 상황에 대한 리스크 동일 관리

▲ 부서 자료 확보하기

리더가 직접 작성했거나 검토한 자료는 반드시 확보한다

만약 여러분이 리더와 함께 주요 회의에 참석한다면 리더가 이야기한 내용을 회의록으로 남기면 좋습니다. 함께 참석하지 못하더라도 리더가 참석하는 회의에서 발표된 자료와 회의록을 확보하면 도움이 됩니다. 하지만 조직 문화에 따라 앞서 말한 바와 같이 회의 자료와 회의록을 일부 부서가 관리하면서 정보 보안이라는 이유로 공유를 잘 안하는 회사도 있습니다.

또한 대외비 보고서는 읽기 권한으로만 공유되는 경우도 있습니다. 저장 권한을 요청해서 필요할 때 참조하면 됩니다. 하지만 사원이 저장 권한을 요청하기 어려운 상황도 있습니다. 만약 PC 화면에서 읽을 수만 있다면 페이지별 화면을 캡처해서 새로운 오피스를 열어서 페이지별로 만들 수도 있습니다.

특히, 리더가 작성한 보고서와 리더가 검토한 보고서 등은 반드시 확보해서 참조하면 좋습니다. 리더가 사원들이 작성한 보고서를 검토할 때 본인이 사용했던 용어나 이전에 작성했던 보고서 내용 등 익숙한 것이 있으면 수정 요청이 많지 않을 것입니다.

외부 보고서를
벤치마킹하기

여러분이 근무하는 업계에도 외부 전문가들이 많을 것입니다. 사업, 개발, 연구, 인사, 마케팅, 홍보 등과 관련된 외부 발표 자료가 있습니다. 우물 안 개구리처럼 사내 자료에만 집착하지 말고, 변화하는 트렌드를 꾸준히 따라잡아야 합니다.

외부 자료를 활용해 보고서의 신뢰도를 높인다

외부 자료를 활용하면 신뢰할 수 있는 정보와 전문성을 가지고 설명할 수 있습니다. 개인이 작성하기 어려운 데이터, 통계, 사례 등은 주장의 근거로 활용하여 보고서의 설득력 있는 논리를 만듭니다. 경쟁사 동향까지도 먼저 알고 보고서 작성에 참조한다면 리더가 보고서를 검토할 때 신뢰도가 얼마나 높을지 생각해 보세요.

저도 다양한 업무을 수행하면서 여전히 많은 보고서를 작성합니다. 중요한 보고서일수록 외부 자료를 활용하여 시장 트렌드 또는 경쟁사 동향 등을 파악합니다. 보고서를 수월하게 작성하는 사람은 평소에 외부 기관에서 발표되는 자료를 꾸준히 모읍니다. 이러한 방식으로 꾸준히 축적한 것을 활용해서 핵심만 빠르게 정리합니다.

부서에서 활용 중인 외부 보고서 채널을 파악한다

새로운 부서에 배치를 받으면 부서 선배 또는 리더에게 외부 보고서 확보를 어떻게 하고 있는지 물어 보세요. 물론 개인적으로 조사해서 자료와 정보를 획득할 수 있는 원천 소스 창구를 데이터베이스로 만들 수도 있습니다.

외부 보고서의 완성도나 작성 인력의 역량을 비추어 봤을 때 증권사, 경제 연구소, 정부 산하 기관, 경영 컨설팅 회사 등에서 작성하는 리서치 자료, 연구 보고서, 정기 간행물 등을 자주 살펴보기를 바랍니다. 이와 같은 외부 정보를 획득할 수 있는 기관의 사이트는 회원 가입을 하면 무료로 제공되는 자료를 확보할 수도 있습니다. 업계별로 중요한 시장 조사 또는 주요 사업 관련 데이터를 확보하기 위해서 전문 시장 조사 기관에 연간 비용을 지불하고 사용하기도 합니다.

구분	대상
정부 산하 기관	한국콘텐츠진흥원, KDI한국개발연구원, KIET산업연구원, 대외경제정책연구원 등
경제 연구소	삼성글로벌리서치, LG경영연구원, SK경영경제연구소, 현대경제연구원 등
증권사	삼성증권, 미래에셋증권, 한국투자증권, 키움증권, KB증권, 대신증권 등
경영 컨설팅	베인앤컴퍼니, 맥킨지앤컴퍼니, AT커니, 보스턴컨설팅, 딜로이트컨설팅 등

▲ 외부 자료 참조 기관

외부 자료는
출처를 명시하기

글로벌 IT 기업은 3~5년을 전망하는 중장기 전략 수립 업무에 투자를 합니다. 중장기 전략 수립을 위해서 외부 조사 기관의 분석 자료를 활용하며, 필요 시 글로벌 경영 컨설팅 회사를 활용하여 사업 전략 방향과 미래 성장 동력을 수립합니다. 이후, 임직원과 이를 공유하고 결정된 중장기 전략 방향에 대해서는 전 직원이 하나의 목표를 향해 빠르게 실행합니다.

중견 기업과 중소 기업은 일반적으로 1년 단위로 사업 계획을 수립합니다. 중견 기업에서 근무할 당시 아쉬웠던 점은, 매년 4분기에 올해의 사업 성과를 되돌아보고 다음 해의 계획을 세우는 과정에서 시장 환경이나 경쟁 업체 동향 파악에 충분한 인력 자원을 투입하지 못해서 분석이 다소 미흡했던 점이었습니다.

이러한 문제를 개선하기 위해 저는 부서원들에게 시장 환경과 경쟁 업체 조사의 중요성에 대한 공감대를 형성했습니다. 단순히 4분기에만 집중해서 조사하지 않고, 1분기부터 4분기까지 외부 자료를 꾸준히 수집하고 분석하며, 관련 정보를 함께 공유 및 축적하도록 독려했습니다. 이를 통해 보다 체계적이고 전략적인 사업 계획을 수립할 수 있는 기반을 마련하고자 했습니다.

외부 자료마다 데이터와 내용이 다르므로 출처를 명시한다

주요 보고서는 내부 자료를 사용해서 작성하지만, 부서 특징 또는 보고서 작성 배경에 따라 외부 자료를 활용해야 하는 경우도 있습니다. 이럴 때는 객관적인 출처와 작성된 날짜를 명시하세요. 어느 기관에서 발표한 자료인지, 언제 발표된 자료인지 따라서 신뢰도와 내용이 달라집니다.

특히 시장 조사에 대한 자료는 외부 조사 기간 마다 제시하는 숫자에 차이가 있으므로, 자료 출처를 안내할 필요가 있습니다. 과거와 현재 데이터는 비교적 안심하고 신뢰할 수 있으나, 미래 데이터는 예측 기간이 길수록 조사 기관마다 데이터가 꽤 다릅니다. 시장과 기술이 급격하게 변화하는 시대에 보고서를 작성할 때는 많은 외부 자료들을 활용하되 반드시 출처를 제시해야 합니다.

<table>
<tr><td>보고서에
외부 자료를 활용</td><td>자료 제목과
작성 기관, 날짜 제시</td><td>예측 자료는
조사 기관마다 상이</td></tr>
</table>

시장과 기술이 급격하게 변화하는 시대에
보고서를 작성할 때는 외부 자료의 출처를 명시해야 함

▲ 외부 자료 출처 제시 이유

다른 자료에서 데이터를 사용했거나 일부분을 그대로 사용해서 설명하고 싶을 때는 해당 페이지의 그래프와 문장에 별도로 인용한 정보를 표시합니다. 자료 제목, 작성 기관, 작성 년도 등에 대한 인용 및 출처에 대한 정보를 기입합니다.

아래의 예시를 살펴보겠습니다. 첫 번째 그래프의 자료 제목은 〈소셜 광고 현황〉, 작성 기관은 〈모두서치〉, 작성 날짜는 〈2027년〉입니다. 두 번째 그래프의 자료 제목은 〈게임 플랫폼 현황〉, 작성 기관은 〈다음서치〉, 작성 날짜는 〈26년 1월〉로 상세하게 월 단위까지 표기해도 됩니다.

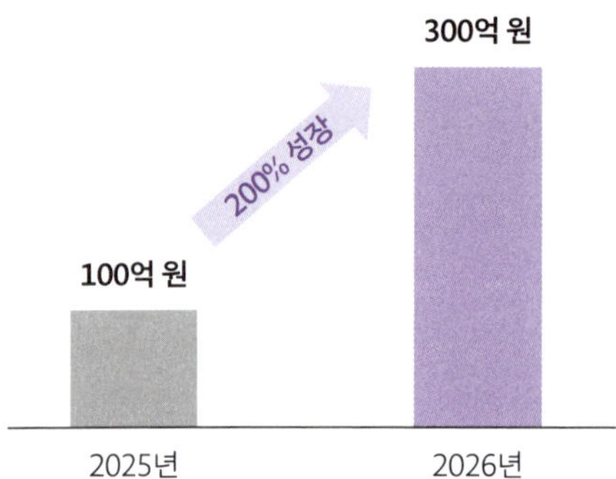

▲ 소셜 광고 현황, 모두서치('27)

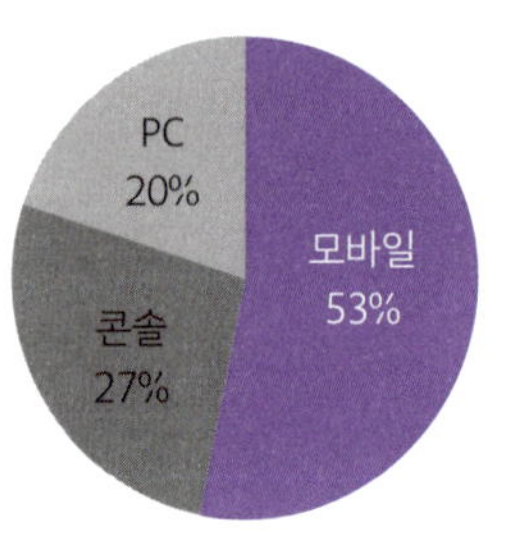

▲ 게임 플랫폼 현황, 다음서치('26.1)

전문 용어를
빠르게 이해하기

예전에는 삼성그룹 신입 공채 교육에서 〈삼성인의 용어〉라는 책을 배포했습니다. 이는 조직 내 용어를 통일하고 구성원의 사고와 행동을 하나로 모으기 위함이었습니다. 또한 조직이 추구하는 가치관을 사용하는 용어를 통해 함께 이해할 수 있었습니다.

회사 차원에서 쓰는 경영 전문 용어를 이해한다

그룹에서 사용하는 특유의 용어를 만들면 많은 뜻을 함축하므로 의사소통을 위한 시간을 줄이고 단결력을 높이는 데도 큰 도움이 될 것입니다.

그룹은 계열사들에 수많은 직원들로 구성	그룹에서 사용하는 특유의 용어를 만듦	용어 자체가 뜻을 이미 함축해서 담고 있음

조직 구성원의 사고와 행동을 하나로 만들기 위함	조직이 추구하는 가치관을 사용하는 언어를 통해 공유
조직 간 의사 소통을 위한 절대적인 시간을 줄임	조직 단결력을 높이는 데도 큰 도움이 됨

▲ 회사 경영 전문 용어 이해

업무 차원에서 쓰는 개발 전문 용어를 이해한다

글로벌 IT 기업의 연구소에 근무할 때는 개발 전문 용어를 익히는 데 상당한 시간이 걸렸습니다. 석사와 박사 출신이 많았고 외국에서 공부를 했거나 외국계 회사 경력자가 많아서 전문 용어의 난이도가 높고 범위도 넓었습니다.

글로벌 IT 기업에서 출시하는 제품군(스마트폰, 반도체, TV, 생활가전 등)별로 수많은 개발 전문 용어를 빠르게 숙지할 필요가 있었습니다. 그 과정에서 예상치 못한 어려움이 많았지만 결국 넘어야 하는 산이었습니다.

구분	전문 용어
스마트폰	m-VoIP, LBS, NFC, G센서, QR코드 등
반도체	나노, 스택 공법, 시스템 반도체, 수율 등
TV	해상도, OLED, 쿼드코어, 스마트 뷰 등
게임	퍼블리싱, PvP, 소프트론칭, 콜라보레이션 등

▲ 제품에 대한 개발 전문 용어 이해

'서당개 삼 년이면 풍월을 읊는다'는 속담이 있듯이 다양한 IT 제품들에 대한 업무 경험을 쌓으며 이후에 본사 경영기획팀으로 인사 발령이 났습니다. 본사로 이동하면서 경영 전문 용어와 개발 전문 용어는 대부분 알고 있었기에 큰 어려움 없이 업무를 수행할 수 있었습니다.

게임 회사로 이직했을 때도 가장 어려운 점은 게임 사업 전문 용어를 빠르게 이해해야 하는 것이었습니다. 여러분도 새로운 회사에 입사하거나 직업을 가지게 되면 이러한 어려움을 가능한 빠르게 극복해야 합니다. 수단과 방법을 가리지 말고 조직과 제품에 사용하는 전문 용어에 익숙해져야만 업무를 잘 수행할 수 있고 좋은 보고서를 작성할 수 있는 준비가 됩니다.

게임 사업의 전문 용어들은 영어를 그대로 한글로 표기해서 사용하는 사례가 많습니다. 그런데 구성원마다 한글로 조금씩 다르게 표기하는 문제점이 있었습니다. 예를 들어, 보고서 마다 전문 용어 표기 방법을 다르게 사용하던 '콘텐츠'와 '컨텐츠', '론칭'과 '런칭' 등이 있었습니다.

그래서 '콘텐츠'와 '론칭' 등으로 외래어 표기법에 맞게 전문 용어를 통일시켰으며, 전문 용어집 작성을 위해서 모두가 함께 이해할 수 있는 용어 목록, 용어 정의, 용어 표기 등에 대해서 정리했습니다. 다른 부서에서 작성된 보고서를 살펴볼 때 당시에 정리된 용어를 사용하는 것을 발견하면 뿌듯하기도 했습니다.

페이지 번호는
자동으로 작성하기

보고서에 페이지 번호가 있으면 읽는 사람이 문서의 흐름을 쉽게 따라갈 수 있습니다. 페이지가 많아질수록 특정 내용을 찾기 어려워집니다. 페이지 번호를 보면 필요한 부분을 빠르게 찾을 수 있습니다. 보고서를 출력하거나 여러 사람이 검토할 경우, 페이지가 섞이거나 빠지더라도 순서를 다시 정리할 수 있습니다.

또한 보고서에서 특정 내용을 참조할 때 '몇 페이지를 확인하세요' 같은 방식으로 안내할 수 있습니다. 회의에서 보고서를 공유할 때도 페이지 지정을 통해 원활한 소통이 가능합니다. 회사 보고서, 연구 자료 등에서는 페이지 번호가 없으면 혼란이 생길 수 있습니다. 공식적인 보고서나 논문에서는 페이지 번호를 포함하는 것이 일반적인 형식입니다.

보고서 페이지 번호는 자동 생성으로 작성한다

보고서를 작성할 때 10장 정도까지는 페이지 번호를 수동으로 직접 입력해서 사용하여도 문서 편집에 어려움이 없습니다. 하지만 보고서가 분량이 많아질 수도 있고, 본문을 최대한 줄이더라도 별첨으로 첨부할 자료가 많은 경우도 있습니다. 만약 페이지 번호를 수동으로 작성하면 문서 편집할 때 페이지 번호를 함께 수정해야 하는 상황이 발생하거나, 보고서 수정 과정에서 페이지 번호가 꼬여서 오류가 발생할 수도 있습니다.

워드로 보고서를 작성할 때는 [삽입] 탭에서 [페이지 번호]를 클릭해서 문서 페이지에 번호를 자동으로 추가하는 기능을 사용하세요. [페이지 번호]는 일반적으로 [아래쪽]으로 선택하면 머리글/바닥글이 자동으로 생성되는데 아래쪽 가운데 위치가 무난합니다. 파워포인트로 보고서를 작성할 때는 [삽입] 탭을 누르고 [머리글/바닥글] 또는 [슬라이드 번호]를 누르고 [□ 슬라이드 번호]를 체크하면 전체 슬라이드 번호가 추가됩니다.

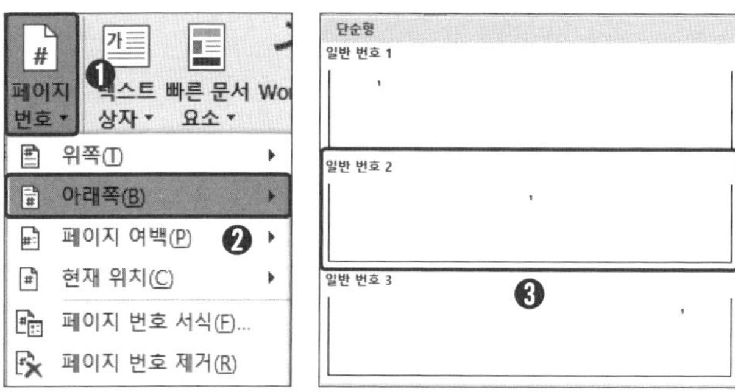

▲ 워드 페이지 번호

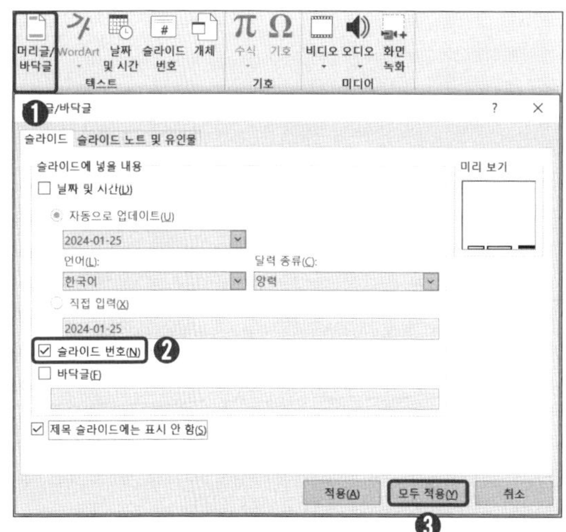

▲ 파워포인트 슬라이드 번호

파워포인트 표지 슬라이드에 페이지 번호가 보이지 않도록 해야 하는 경우가 있습니다. 표지 슬라이드에 페이지 번호가 보이지 않도록 하고, 두 번째 슬라이드부터 페이지 번호가 시작하게 하려고 합니다. 먼저 표지 슬라이드에서 페이지 번호를 제거하기 위해서 [삽입] 탭을 누르고 [머리글/바닥글] 또는 [슬라이드 번호]를 누르고 [□ 제목슬라이드에는 표시 안 함]을 체크하고 [적용]을 선택하면 됩니다.

이제 두 번째 페이지부터 페이지 번호가 시작하게 하려면 [디자인] 탭을 누르고 [슬라이드 크기]에서 [사용자 지정 슬라이드 크기]를 선택합니다. 그 이후에 [슬라이드 시작 번호]를 '1'에서 '0'으로 변경하고 [확인]을 선택하면 됩니다.

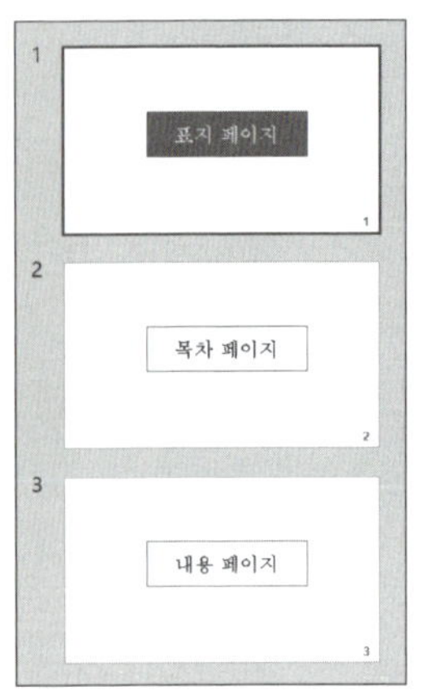

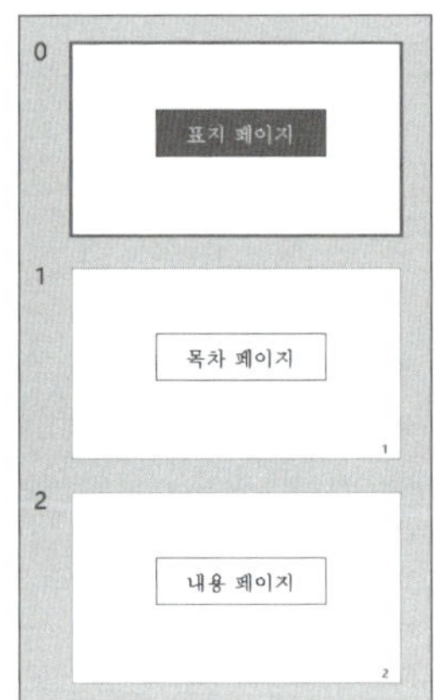

▲ 제목 슬라이드에서 번호 제거

워드 표지 페이지에서 페이지 번호가 보이지 않도록 해야 하는 경우가 있습니다. 표지 페이지에 페이지 번호가 보이지 않도록 하고, 두 번째 페이지부터 페이지 번호가 시작하게 하려고 합니다. 표지 페이지에서 페이지 번호를 제거하기 위해서 [삽입] 탭을 누르고 [페이지 번호]를 누릅니다.

팝업 메시지가 나타나면 [페이지 번호 서식]을 누르고 [페이지 번호 매기기]에서 [시작 번호]를 '0'으로 변경하고 [확인]을 선택합니다. 그러면 페이지 번호가 '0'부터 시작됩니다. 그 이후에 표지 페이지 '0'번호를 삭제하기 위해서 [삽입] 탭을 누르고 [바닥글]에 있는 [바닥글 편집]을 선택합니다. [머리글/바닥글 도구]에 있는 [디자인]에서 [□ 첫페이지를 다르게 지정]을 체크하면 됩니다.

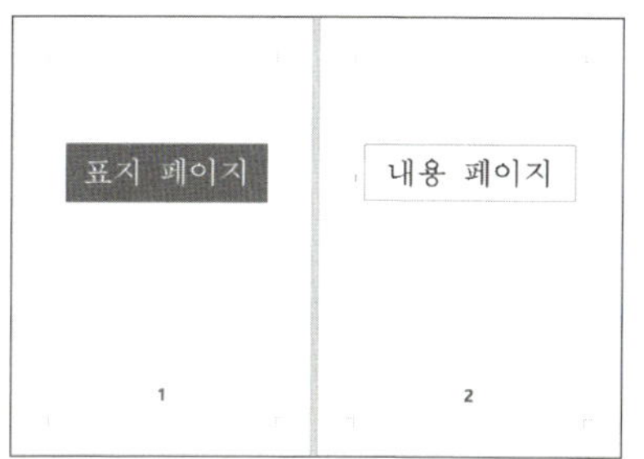

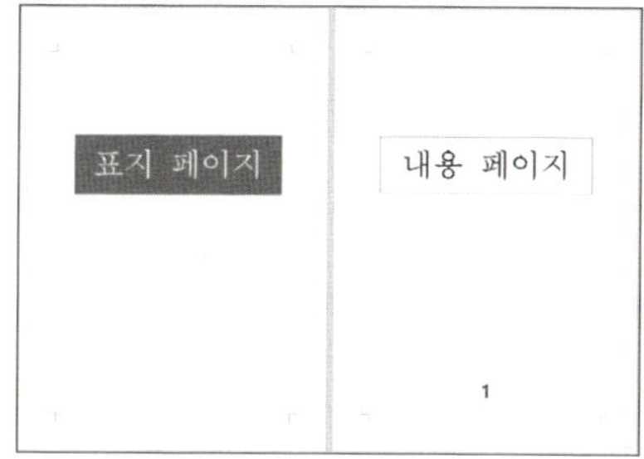

▲ 제목 페이지에서 번호 제거

타회사 정보는
공시를 참조하기

보고서를 작성하다 보면 다른 회사에 대한 데이터가 필요한 경우가 있습니다. 예를 들면 다른 회사의 매출, 영업이익, 주식 지분 변경, 내부 거래 현황 등의 정보입니다. 이럴 때는 금융감독원에서 운영하고 있는 대한민국 기업 정보의 창인 DART(전자공시시스템, https://dart.fss.or.kr) 사이트를 활용합니다.

▲ DART (전자공지시스템)

효율적으로 작성하는 법

☐ 보고서는 한 사람이 작성한 것처럼 부서에서 사용하는
문서 양식과 폰트 등을 통일해서 작성한다.

☐ 보고서 목적에 부합하는 다양한 문서 템플릿을 확보하고
준비된 템플릿을 활용해서 완성도와 효율성을 향상시킨다.

☐ 개별 오피스 프로그램에서 협업 오피스 프로그램으로 전환하고
생성형 AI를 활용하여 보고서 작성에 효율성을 확보한다.

☐ 리더가 선호하는 보고서 작성 스타일을 파악하고 따라하며
회의에서 자주 언급되는 내용들은 보고서 작성에 활용한다.

☐ 부서에서 중요한 과거 보고 자료들을 파악해서 확보하고
특히 리더가 작성하거나 검토한 보고서는 반드시 참조한다.

☐ 보고서에 전문성 있는 외부 자료를 활용하여 신뢰도를 높이고
공신력 있는 외부 자료를 확보하기 위한 채널들을 파악한다.

☐ 시장과 기술이 급격하게 변화하는 시대에 보고서를 작성할 때는
외부 자료들을 적극적으로 활용하되 반드시 출처를 제시해야 한다.

☐ 회사 차원에서 사용하는 전문 경영 용어를 이해하고
업무 차원에서 사용하는 전문 개발 용어도 파악해야 한다.

☐ 보고서를 수정할 때 페이지 번호를 일일이 수정하지 않도록
페이지 번호는 자동 생성으로 작성한다.

☐ 다른 회사에 대한 기업 정보가 필요할 경우에는 금융감독원에서
운영하고 있는 DART(전자공시시스템) 사이트를 활용한다.

반드시 알아야 할 기초 문법

글꼴 크기는
12 이상으로 작성하기

경영진 대상 보고서는 글꼴 크기를 12 이상으로 작성한다

임원들이 검토하는 보고서 또는 본사에 보고되는 보고서를 작성할 때 자주 듣는 이야기가 있었습니다. 최종 보고를 받는 대상자의 연령대를 고려하여 글꼴 크기는 최소 '12' 이상으로 권장하되, 촌스럽게 글꼴이 너무 크지 않도록 작성하라는 것입니다.

일반적으로 기업에서 임원 연령대는 40대~50대가 많습니다. 이와 같은 임원들은 20대~30대가 느끼지 못하는 노안으로 보고서를 검토할 때 작은 글꼴은 보기가 불편합니다. 책의 글자를 또렷하게 보려면 책을 눈에서 멀리 하고 읽어야 합니다. 저도 20~30대에는 이해를 못했지만, 어느덧 보고서를 검토할 때는 가능하면 글꼴 크기를 12 이상으로 작성해 달라고 이야기하게 됩니다.

글꼴 크기	내용
10	매출 550억 원 (2026년 比 10% 감소)
12	매출 550억 원 (2026년 比 10% 감소)
14	매출 550억 원 (2026년 比 10% 감소)

보고서에 글꼴 크기가 너무 작으면 한 페이지에서 검토해야 하는 내용이 많아집니다. 한 페이지로 요약 보고서를 작성하는 것은 글꼴 크기를 아주 작게 작성하라는 뜻이 아닙니다. 아무리 글꼴 크기를 작게 하더라도, 10 이하는 사용하지 않는 것이 좋습니다. 작은 글꼴로 너무 많은 내용을 담으면 전달하려는 메시지에 집중력이 떨어집니다.

글꼴 강조를 위한
색깔 사용하기

보고서를 작성할 때 다양한 색깔을 사용하고 싶은 유혹에 빠질 때가 있습니다. 하지만 여러 색깔은 자제하되 필요 시에는 확실하게 구분이 되는 편이 좋습니다. 색감도 원색보다는 단색이나 파스텔 색이 좋습니다.

글꼴 색상은 2개 이하로 사용한다

글꼴은 기본적으로 검정을 사용합니다. 주요 내용을 강조할 때는 되도록이면 2색 이하가 좋습니다. 물론 3색 이상을 사용할 수도 있으나, 색깔이 너무 많으면 강조한다는 애초의 의미가 퇴색됩니다. 또한 복잡해서 오히려 내용을 이해하기가 어려울 수도 있습니다.

구분	내용
기본 사용 (강조 없음)	매출 500억원 (2025년 比 10% 감소)
	이익 30억원 (2025년 比 50% 증가)
단색 사용 (적정 수준)	매출 500억원 (2025년 比 10% 감소)
	이익 30억원 (2025년 比 50% 증가)
다색 사용 (과다 수준)	매출 500억원 (2025년 比 10% 감소)
	이익 30억원 (2025년 比 50% 증가)

업무 리스트 중에서 완료 및 미완료를 색깔로 구분하여 정리한다면 파란색과 빨간색 중에서 어떤 것을 어디에 사용할 것 같나요?

파란색은 긍정적 의미를 지닌 색깔로 긍정, 안정, 지적, 정돈, 성실 등의 고유한 상징성이 떠오르는 색입니다. 단순히 시각적인 색깔에 대한 정보만을 받아들이는 것이 아닙니다. 우리는 어릴 적부터 무의식적으로 파란색을 하늘, 바다, 시원하고 정결한 느낌으로 인지하고 있습니다.

빨간색은 부정적 의미를 지닌 색깔로 부정, 피로, 공격, 불만, 성급 등의 고유한 상징성이 떠오르는 색입니다. 무의식적으로 피, 폭력, 위험한 상황, 정열으로 인지하고 있습니다. 그러나 예외도 있습니다. 우리나라의 주식 시장에서 주식 가격이 상승하는 것은 빨간색이고 주식 가격이 하락하는 것은 파란색을 사용하기도 합니다.

만약 글로벌 IT 제품에서 경고등 색깔을 파란색으로 표시한다고 기획했다면 빨간색으로 교체를 검토하는 편이 좋습니다. 긍정적인 색깔을 추가하면 녹색, 노랑색 등이며 부정적인 색깔을 추가하면 주황색, 보라색 등이 있습니다. 중립적인 색깔은 회색입니다.

구분	내용
파란색	긍정, 안정, 지적, 정돈, 성실 등
	하늘을 상징, 바다를 상징, 시원하고 정결함
빨간색	부정, 피로, 공격, 불만, 성급 등
	피를 상징, 폭력을 상징, 위험한 상황이나 정열

다양한 글꼴을 활용하여 강조하기

보고서를 작성할 때 중요한 내용이나 핵심 단어를 강조하는 방법에는 볼드체, 밑줄, 따옴표, 글자 크기 조절, 글꼴 변경 등이 있습니다. 각각의 방법을 적절히 활용하면 가독성을 높이고 독자가 내용을 쉽게 이해할 수 있습니다. 워드에서 다양한 방식으로 단어를 강조하는 방법을 살펴보겠습니다.

글꼴을 볼드체로 표시한다

가장 일반적으로 방법은 굵게 **볼드체**로 표시하는 방법입니다. 중요한 단어나 문장을 볼드체로 변경하면 시각적으로 두드러집니다. 이를 활용하면 문서에서 핵심 키워드가 잘 보이고, 독자의 시선을 쉽게 끌 수 있습니다. 강조하고 싶은 단어 위에서 굵게 단축키(Ctrl+B)를 누르면 볼드체로 변경됩니다.

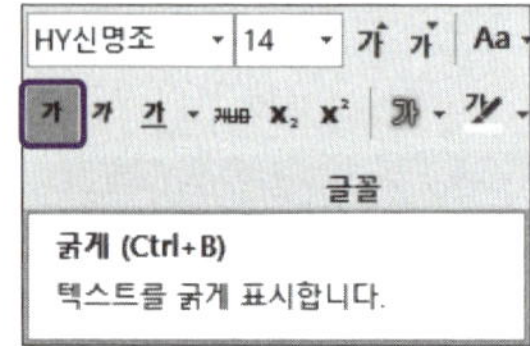

▲ 글꼴 강조 설정(굵게)

글꼴에 밑줄을 긋는다

글자 아래에 밑줄을 사용하여 특정 단어나 문장을 강조하는 방법도 있습니다. 일반적으로는 실선 모양의 밑줄 형태를 적용하지만, 필요에 따라 스타일을 변경하여 더욱 눈에 띄게 만들 수도 있습니다. 예를 들어, 이중 밑줄이나 점선 밑줄 등 다양한 스타일을 활용하면 강조 효과를 차별화할 수 있습니다. 강조하고 싶은 단어 위에서 단축키(Ctrl+U)를 누르면 밑줄이 추가됩니다.

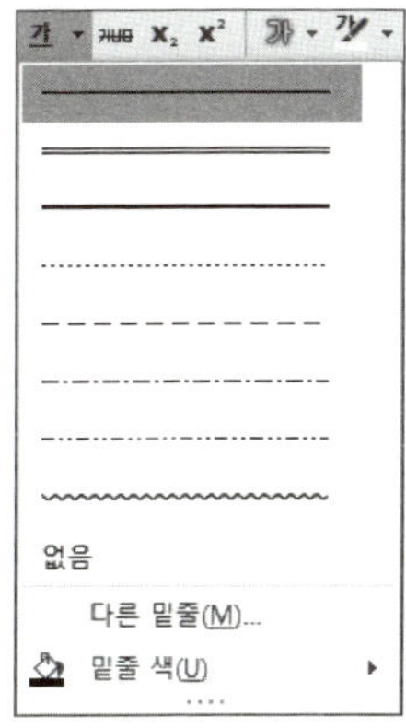

▲ 글꼴 강조 설정(밑줄)

글꼴 크기를 변경한다

강조하고 싶은 단어나 문구의 글꼴 크기를 키워서 눈에 잘 띄도록 편집하는 방법입니다. 특히 제목, 소제목, 핵심 메시지를 전달할 때 글씨 크기를 조절하면 시각적으로 강조 효과가 더욱 뚜렷해집니다.

글꼴을 전반적으로 조정하고 싶다면 단축키(Ctrl+D)를 눌러 팝업 화면을 띄우고 세부 사항을 설정할 수 있습니다.

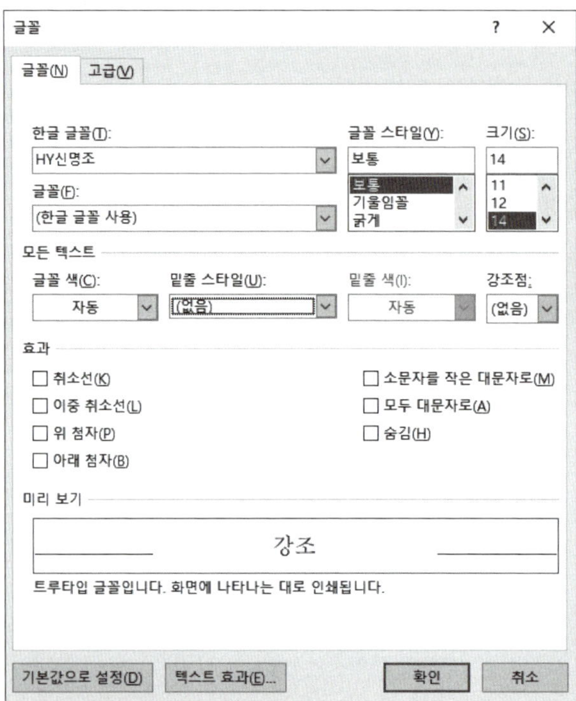

▲ 글꼴 강조 설정 화면

따옴표로 표시한다

따옴표를 이용해서 강조하는 방법입니다. 큰따옴표(")는 대화 표현, 직접 인용문 등을 강조할 때 사용합니다. 작은따옴표(')는 특정 단어를 강조할 때 사용합니다. 또한 특정 단어라 하더라도 아라비아 숫자에는 되도록 지양하지만, 필요에 따라 사용하기도 합니다.

글꼴을 변경해서 강조하는 방법입니다. 같은 크기의 글자라도 다른 글꼴을 설정하면 시각적으로 차별화되어 강조 효과를 줄 수 있습니다. 어떤 글꼴은 공식적이거나 신뢰감을 주며, 어떤 글꼴은 친근하고 자유로운 분위기를 연출할 수 있습니다.

구분	내용
볼드	2026년 550억 원 比 **10% 감소**
밑줄	2026년 550억 원 比 <u>10%</u> 감소
크기	2026년 550억 원 比 10% 감소
따옴표	2026년 550억 원 比 '10%' 감소
글꼴	2026년 550억 원 比 **10% 감소**

▲ 다양한 글꼴 강조 유형

자동 서식 기능으로
작성하지 않기

보고서를 한번에 작성하여 완성하는 경우는 거의 없으며, 보고서 초안을 여러 번 수정할 수도 있습니다. 자동 서식 기능(문장 번호 매기기와 문장 목록 매기기)으로 작성한 보고서는 일부를 수정할 때는 문제가 없습니다. 하지만 보고서를 대폭 수정한다면 자동 서식 기능 때문에 편집 시간이 더 걸릴 수도 있습니다.

수정할 때는 자동 서식 기능이 불편할 수 있다

보고서에 단어 몇 개만 수정할 때는 자동 서식 기능이 있어도 상관 없습니다. 그러나 보고서의 많은 부분을 수정할 때는 자동 서식 기능이 큰 걸림돌이 될 수도 있습니다.

또한 보고서 작성자가 직접 수정한다면 본인이 작성한 내용을 잘 알고 있어서 이슈가 없습니다. 하지만 중간 보고를 받는 사람이 문서를 검토하면서 직접 수정하는 경우에는 자동 서식 기능이 불편할 수 있습니다.

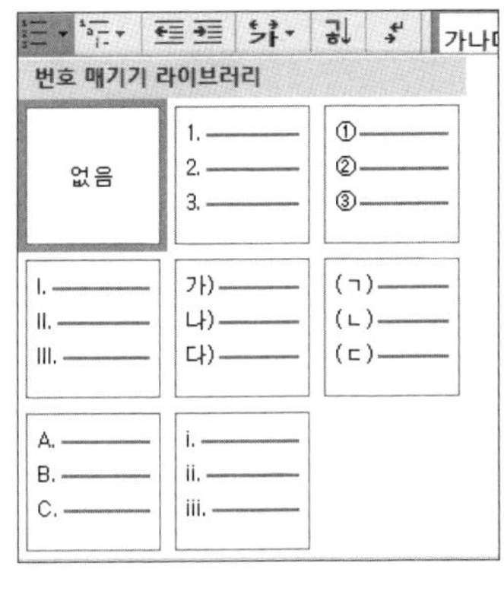
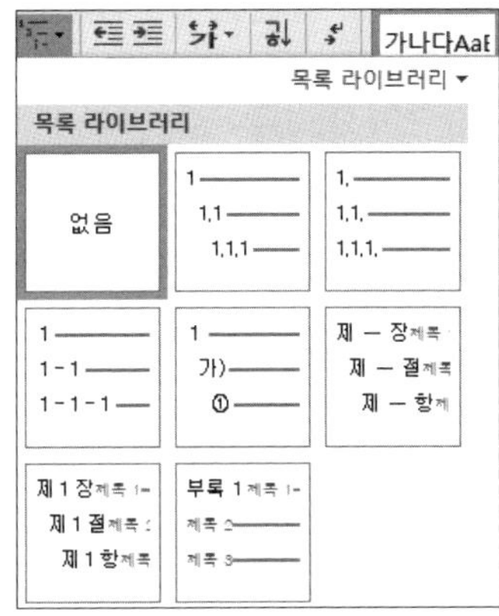

▲ 문장 번호 매기기 자동 서식　　　　▲ 문장 목록 자동 서식

최근 회사들은 한 개 문서를 작성하면서 권한이 있는 여러 명이 함께 작성에 참여할 수 있는 구글 워크스페이스 등을 사용합니다. 어디서든지 문서를 동시에 작성하고, 문서를 누구나 수정할 수 있습니다.

만약 문서를 동시에 여러 명이 함께 작성하거나 중간 보고를 받는 사람이 직접 문서를 수정하려고 할 때는, 자동 서식 기능으로 보고서를 작성하였다면 수정이 불편할 수도 있습니다.

부서에서 여러 명이 참여하는 보고서를 작성할 때 자동 서식 기능으로 편집에 불편함을 경험해 본 사람들은 일부러 수동 서식으로 보고서 문장을 작성하고 편집하는 선택을 선호합니다. 보고서 초안을 처음 작성할 때는 자동 서식 기능이 편리하지만, 여러 명이 함께 수정할 때 불편함이 발생할 수 있는 자동 서식 기능은 보고서 작성에 참여한 부서원 성향에 따라서 결정하는 것이 좋습니다.

글머리에 번호를
사용하지 않기

보고서 문장의 시작 부분에 글머리 번호나 글머리 기호를 사용하면 정보가 정리되어 가독성이 향상되고 효율적으로 정보를 전달할 수 있습니다. 글머리를 활용하면 내용이 구조적으로 정리되므로 독자가 핵심 내용을 쉽게 파악할 수 있으며, 특히 여러 항목을 나열할 때 유용합니다.

글머리 번호는 수정할 때 번거롭다

보고서를 작성할 때 글머리로 번호(1, 2, 3…)를 사용하곤 합니다. 이러한 방식은 순서를 강조하거나 논리적 흐름을 표현하는 데 효과적이지만, 이후 빈번하게 수정한다면 불편함을 미리 고려해야 합니다. 보고서의 내용을 추가하거나 삭제하는 과정에서 번호를 재정렬해야 하는 번거로움이 발생합니다.

글머리 번호 사용	글머리 기호 사용
1. 마케팅 전략 수립 회의 개최 (1) 일시 : 12/1(수), 14시 (2) 장소 : 대회의실 (3) 참석 : 총 10명	□ 마케팅 전략 수립 회의 개최 - 일시 : 12/1(수), 14시 - 장소 : 대회의실 - 참석 : 총 10명
2. 주요 회의 내용 (1) 이슈 사항에 대한 의사결정 (2) 핵심 과제 발굴 필요 (3) 실행 계획을 수립하여 진행	□ 주요 회의 내용 - 이슈 사항에 대한 의사결정 - 핵심 과제 발굴 필요 - 실행 계획을 수립하여 진행

따라서 글머리에는 번호보다는 기호를 사용하는 것이 효율적입니다. 글머리 기호를 사용하면 항목을 추가하거나 삭제하더라도 전체적인 형식을 유지하면서 간편하게 수정할 수 있으며, 문서의 가독성을 유지하는 데에도 도움이 됩니다.

일반적인 경우에는 글머리에 숫자가 아니라 기호를 활용하여 문서를 작성해도 내용을 전달하는 데는 전혀 문제가 없습니다. 이를 통해 문서 작성과 수정의 효율성을 높이고 체계적인 정보 전달이 가능합니다.

저는 글머리 기호 중에서 'ㅁ'를 많이 사용합니다. 다른 기호(■, ▣, ○, ●, ◆, ◇)들도 있습니다. 또한 단계별 들여쓰기 기호로는 '–' 또는 '·'를 많이 사용합니다.

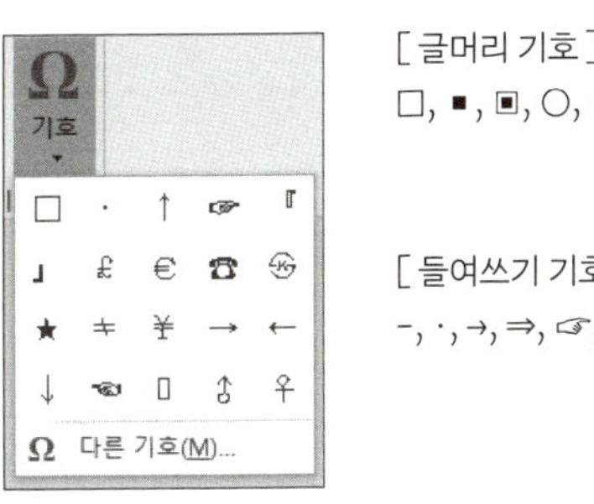

[글머리 기호]
□, ■, ▣, ○, ●, ◆, ◇

[들여쓰기 기호]
-, ·, →, ⇒, ☞, ▷, ▶

▲ 글머리 및 들여쓰기 기호

초기에 적당한 줄 간격을 설정하기

보고서의 줄 간격은 가독성에 영향을 주며, 줄 간격을 잘 활용하면 독자가 내용을 쉽게 이해할 수 있습니다. 잘 정리된 문서는 읽는 사람에게 가독성을 높여줄 뿐만 아니라, 논리적인 흐름을 보다 명확하게 전달하는 역할을 합니다.

줄 간격이 지나치게 좁으면 글자가 빽빽해 보이며, 독자는 내용을 읽는 과정에서 피로감을 느낄 수 있습니다. 반대로 줄 간격이 너무 넓으면 보고서의 길이가 지나치게 길어지고 페이지 수도 늘어납니다. 따라서 적절한 줄 간격을 초기에 설정하는 것은 보고서 작성의 효율성을 높이는 중요한 요소입니다.

줄 간격과 단락 간격은 초기에 결정한다

A4 용지 기준으로 줄 간격은 1.15배 이상을 사용하는 편이 좋습니다. 이와 함께, 제목이나 소제목은 본문보다 더 넓은 줄 간격을 설정하는 것이 가독성을 고려했을 때 효과적입니다.

구분	내용
1.0	매출 550억원 (2025년 比 10% 감소) 이익 20억원 (2025년 比 50% 증가)
1.15	매출 550억원 (2025년 比 10% 감소 이익 20억원 (2025년 比 50% 증가)
1.5	매출 550억원 (2025년 比 10% 감소) 이익 20억원 (2025년 比 50% 증가)

▲ 줄 간격

또한, 줄 간격뿐만 아니라 단락 간격도 함께 고려해야 합니다. 단락 간격이 좁으면 문장들이 한 덩어리처럼 보여서 읽기 어렵습니다. 반대로 단락 간격이 너무 넓으면 문서의 흐름이 끊어집니다.

일반적으로 단락 간격은 줄 간격과 조화를 이루도록 설정하면 문서가 깔끔하게 정리됩니다. 문단의 줄 간격도 적당한 간격으로 설정해서 가독성을 높여주면 읽기 편한 보고서가 될 것입니다.

줄 간격/단락 간격 1.15	줄 간격/단락 간격 1.5
□ 사업 전략 수립 회의 개최 - 일시 : 9/10(화), 10시 - 장소 : 컨퍼런스 룸 □ 주요 회의 내용 - 사업 계획 검토 및 확정 - 각 조직별 이슈 협의 등	□ 사업 전략 수립 회의 개최 - 일시 : 9/10(화), 10시 - 장소 : 컨퍼런스 룸 □ 주요 회의 내용 - 사업 계획 검토 및 확정 - 각 조직별 이슈 협의 등

보고서를 작성하는 초기에 줄 간격과 단락 간격을 설정하면 편집 시간을 줄일 수 있으며 문서를 일관성 있게 작성할 수 있습니다. 워드에서는 [홈] 〉 [선 및 단락 간격] 〉 [줄 간격 옵션] 〉 [단락] 설정에서 줄 간격을 조정할 수 있습니다. 워드는 줄 간격을 한 번 설정하면 전체 문서에 적용해서 줄 간격이 동일합니다.

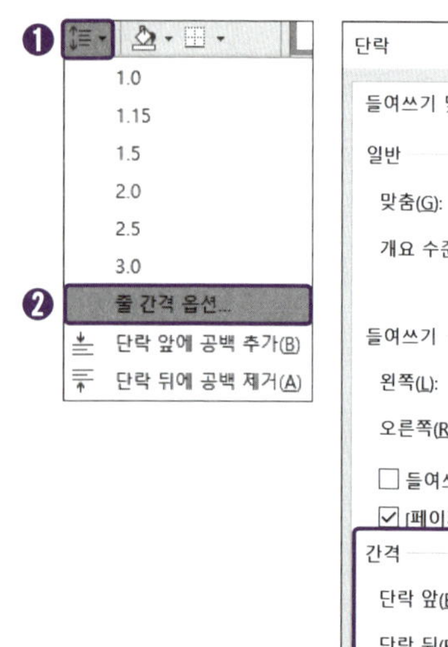
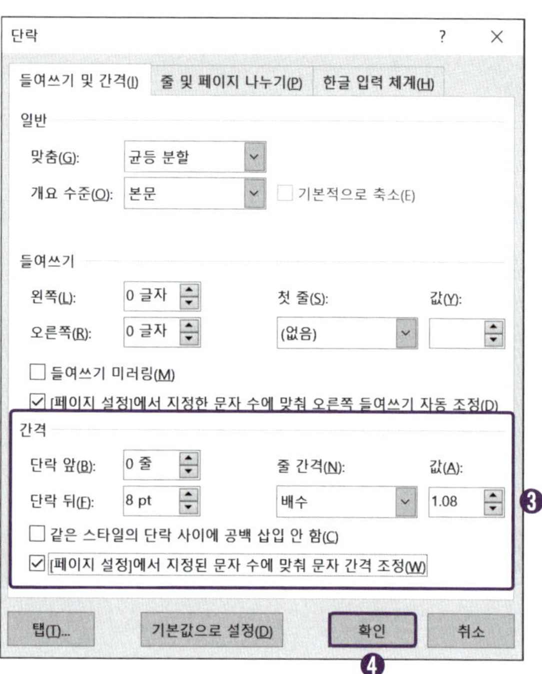

▲ 워드 줄 간격

파워포인트는 [홈] 〉 [줄 간격] 〉 [줄 간격 옵션] 〉 [단락] 설정에서 줄 간격을 조정할 수 있습니다. 파워포인트는 텍스트 박스에서 줄 간격을 별도로 조정하기에 용이합니다.

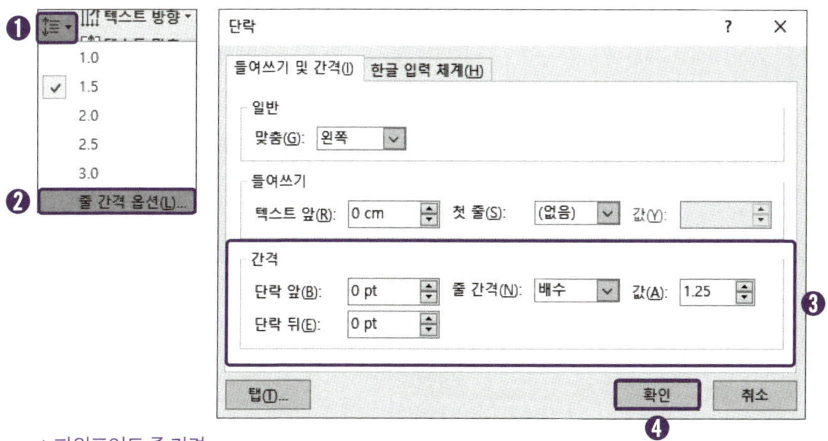

▲ 파워포인트 줄 간격

이어쓰기보다 내려쓰기로 작성하기

보고서는 문장과 문단으로 구분해 깔끔하게 정리하면 검토하기 좋습니다. 아래와 같이 초안을 작성하면서 한 문장을 끊김 없이 지나치게 길게 작성하는 경우가 있습니다. 이렇게 길게 이어지는 문장은 보고서 내용을 파악하기 어렵고 가독성이 떨어지므로 한 문장은 2줄 이하로 작성합니다.

< 회사 주차장 사용에 대한 협조 안내 >

회사 주차 공간이 부족하여 지상 주차장 및 지하 주차장에 많은 차량이 이중 주차 및 통로 주차를 하고 출근 및 퇴근 시간에 차량 이동이 어려워 직원들께서 어려움을 겪고 있으므로 직원들 상호 간에 다음과 같이 협조하여 주시면 감사하겠습니다.

한 문장을 끊김 없이 길게 이어쓰지 말고 줄 바꿈을 통한 내려쓰기 등으로 수정하세요. 물론 한 문장을 한 줄로 압축하면 가장 좋습니다. 내용이 많다면 2줄 정도로 한 문장을 작성합니다. 하지만 한 문장에 3줄 이상은 바람직하지 않습니다. 이럴 때는 중간에 문장을 나누어서 작성하면 내용을 잘 전달할 수 있습니다.

워드에서는 줄 바꿈을 하는 두 가지 방식이 있습니다. Enter 키 입력과 Shift +Enter 입니다. 먼저 Enter 키 입력은 현 위치에서 문장을 종료하고 줄 단위 간격이 일정하게 다음 행에서 새로운 문장을 시작합니다. 그리고 Shift

+ Enter 키 입력은 문장을 종료하지 않고 문장 내 줄 바꿈이 됩니다. 상대적으로 상하 간격이 Enter 키 입력보다는 가깝게 배치되는 효과가 있으며, 여러 문장 간에 일정한 간격으로 구분됩니다.

내려쓰기 ❶ : Enter 키 입력

< 회사 주차장 사용 안내 >

☐ 회사 주차 공간이 부족하여 지상 및 지하 주차장에 많은 차량이 이중 주차 및 통로 주차를 하고 있습니다.

☐ 출근 및 퇴근 시간에 차량 이동이 어려워 직원들께서 어려움을 겪고 있습니다.

☐ 직원들 상호 간에 다음과 같이 협조하여 주시면 감사하겠습니다.

내려쓰기 ❷ : Shift + Enter 키 입력

< 회사 주차장 사용 안내 >

☐ 회사 주차 공간이 부족하여 지상 및 지하 주차장에 많은 차량이 이중 주차 및 통로 주차를 하고 있습니다.
☐ 출근 및 퇴근 시간에 차량 이동이 어려워 직원들께서 어려움을 겪고 있습니다.
☐ 직원들 상호 간에 다음과 같이 협조하여 주시면 감사하겠습니다.

들여쓰기로
문단 형식을 갖추기

하나의 생각을 담은 가장 작은 글의 덩어리를 문장이라고 합니다. 몇 개의 문장이 모인 것을 문단이라고 합니다. 보통 2~3개 이상의 문장이 모여서 문단을 구성합니다.

우리는 계절마다 필요한 옷이 다릅니다. 서랍장에 한 칸씩 봄 옷, 여름 옷, 겨울 옷을 잘 나누어서 문단처럼 구성하되, 모든 옷들이 모여 있는 서랍장을 전체 글처럼 생각해 볼 수 있습니다.

들여쓰기로 새로운 문단을 구분한다

문단이 바뀌거나 새로운 문단이 시작되는 것을 표시하기 위하여 문단의 첫 줄의 첫 칸을 비우는 것을 들여쓰기라고 합니다. 왼쪽을 나란하게 똑같이 쓰면 문단의 시작 부분을 알 수가 없어서 가독성이 떨어집니다.

문단에 들여쓰기를 하는 이유는 각 문단을 눈으로 잘 구분하고 형식을 갖추고, 의미를 명확하게 표현하기 위함입니다.

다음의 예시에서 ★표시가 있는 부분을 빈 칸으로 두고서 문단을 구분하는 방법으로 작성하면 좋습니다. 보고서를 작성할 때 들여쓰기 형식을 갖추면 보다 가독성이 훨씬 높아질 것입니다.

> ★ 회사 주차 공간이 부족하여 지상 주차장 및 지하 주차장에 많은 차량이 이중 주차 및 통로 주차를 하고 있습니다.

▲ 들여쓰기 위치 예시

문단 시작점에서 수동 들여쓰기

문단 시작점에 커서를 위치하고 스페이스바를 눌러서 빈칸을 입력하여 수동으로 들여쓰기를 합니다. [Tab]을 누르면 좀 더 많은 빈칸이 생기면서 오른쪽으로 이동합니다. 워드는 [홈] 〉 [들여쓰기]를 합니다. 파워포인트는 [홈] 〉 [목록 수준 늘림]을 누르면 단락이 여백에서 멀어집니다.

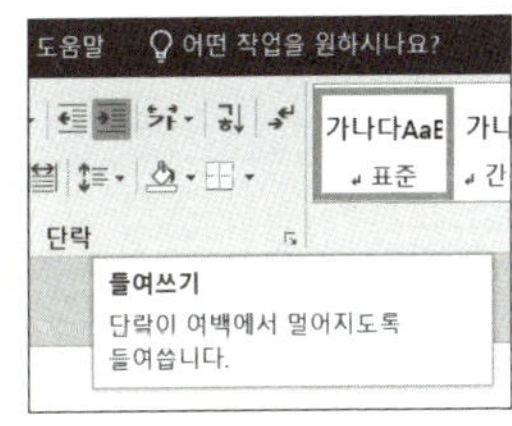

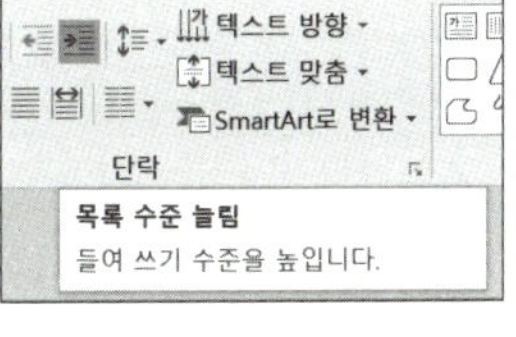

워드와 파워포인트는 [홈] 〉 [단락] 〉 [들어쓰기 및 간격]에서 [들여쓰기] 부문에 있는 첫 줄과 값을 조정하면 문단 시작이 자동 들여쓰기로 설정됩니다.

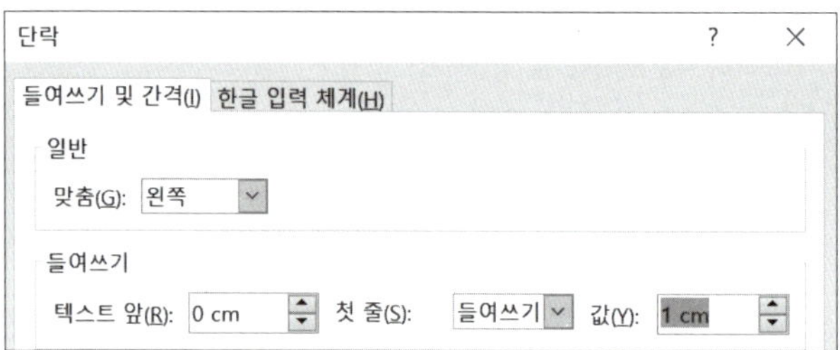

마지막으로 글머리 기호, 번호 매기기 등으로 문장을 작성할 때 2줄 이상으로 적어야 한다면, 들여쓰기를 사용해서 시작점을 맞추면 보기 좋습니다. 보고서를 작성할 때 올바르게 들여쓰기를 하는 습관을 들이면 체계적이고 깔끔한 글을 작성할 수 있습니다.

들여쓰기 미사용	들여쓰기 사용

☐ 주요 회의 내용
- 이슈들에 대한 의사 결정이 있었으며 리더급 공유 예정
- 과제 발굴과 계획 수립을 통해서 진행
	☐ 주요 회의 내용
	  - 이슈들에 대한 의사 결정이 있었으며 리더급 공유 예정
	  - 과제 발굴과 계획 수립을 통해서 진행

붙여쓰기보다
띄어쓰기로 작성하기

국어 시간에 배웠던 띄어쓰기 중요성에 대해서는 잘 이해하고 있을 것입니다. 한글의 띄어쓰기는 '모든 낱말은 띄어 쓴다'는 원칙으로 쉽게 생각할 수 있습니다.

띄어쓰기 오류	띄어쓰기 정상
조직 별로	조직별로
1억원	1억 원
실패시	필요시

▲ 띄어쓰기 오류 사례

워드 또는 한글 오피스로 문서를 작성할 때 올바르게 띄어쓰기를 했으면 문자 비로 아래에 빨간색 물결 라인이 없습니다. 그러나 띄어쓰기 오류가 있으면 문자 바로 아래에 빨간색 물결 라인으로 표시할 수 있습니다. 워드에서 빨간색 오류가 표시되지 않는다면 [파일] 〉 [옵션] 〉 [언어교정] 〉 [Word에서 맞춤법 검사 및 문법 검사] 〉 [입력할 때 자동으로 맞춤법 검사]를 선택합니다.

정상	오류	
할 수 있다	할수 있다	할수있다

▲ 띄어쓰기 오류 표시

더욱 상세하게 띄어쓰기 등을 수정하려면 한국어 맞춤법을 살펴보고, 다양한 문법 검사 사이트를 이용하면 됩니다. 예를 들어, 맞춤법 검사기는 네이버 등에서 제공하고 있으므로 단어나 문장을 입력해서 검사 후에 추천하는 것을 살펴보면서 수정 작업을 할 수 있습니다.

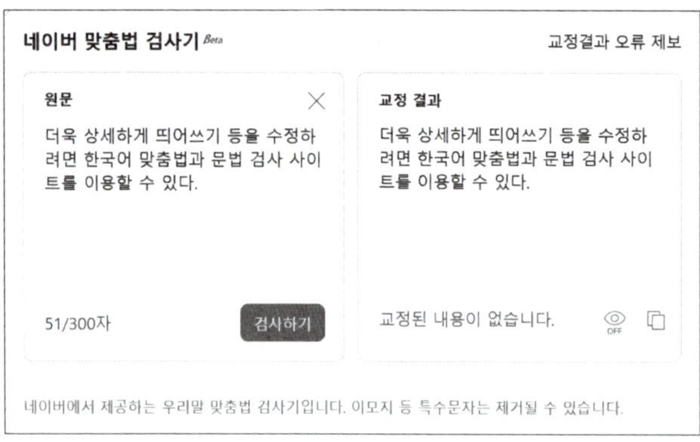

보고서에서 문장을 작성할 때는 원칙적으로 최대한 띄어쓰기 규칙을 적용합니다. 예를 들면, 보고서에서 자주 사용하는 숫자 단위 중 금액을 나타내는 단위인 억 원, 백만 원 등은 띄어쓰기를 하는 것이 원칙입니다.

다만 비슷한 형식의 보고서가 많은 조직에서는 의미가 통하는 경우에는 붙여쓰기로 작성하기도 합니다. 금융권에서는 실무적으로 금액을 적을 때 변조 등의 사고를 방지하려는 차원에서 일부러 숫자를 붙여서 쓰는 관례가 있습니다. 예를 들면, 213,500원을 '이십일만삼천오백원'으로 붙여서 사용하는 식입니다.

보고서에서 숫자 단위(1억 원, 100만 원, 50만 명, 300여 명, 25만 개, 50여 회 등)를 적을 때는 리더의 지시에 따라서 붙여쓰기로 작성할 수도 있습니다. 띄어쓰기를 너무 원칙적으로 적용해서 몇 글자 때문에 줄 바뀜이 일어난다면 오히려 가독성이 떨어집니다.

일부 문장은 상황에 따라서 유연하게 압축해서 숫자 단위 등을 붙여쓰기로 작성하는 것이 보고서를 잘 작성하는 방법입니다.

구분	내용
띄어쓰기	매출 100억 원이며, 영업이익 5억 원으로 소폭 증가
붙여쓰기	매출 100억원이며, 영업이익 5억원으로 소폭 증가

▲ 한 줄 작성을 위한 붙여쓰기

숫자 단위와
부가가치세를 표시하기

보고서의 숫자 단위는 회사 규모, 본사, 총괄, 사업부, 제품, 부서 등에 따라서 달라집니다. 대표적으로 사용하는 숫자 단위로는 금액을 나타내는 '억 원', '백만 원' 등이 있고, 수량을 나타내는 '개', 인원을 나타내는 '명', 비율을 나타내는 '%'가 있습니다.

숫자 단위를 표시하여 정확한 정보를 전달한다

표를 작성할 때는 우측 상단에 괄호를 적고 숫자 단위를 표시합니다. 표 우측 상단에 마땅한 공간이 없다면, 표에서 첫 번째 줄에 있는 항목 칸에 숫자 단위를 적어서 구분합니다. 신입 사원뿐만 아니라, 경력 사원도 보고서를 제출할 때 의외로 단위 표기를 하지 않는 경우가 있습니다.

작성자는 이미 익숙한 숫자라서 눈에 금방 들어와서 이해가 되지만, 보고서를 검토하거나 공유를 받는 사람은 숫자가 무슨 단위인지 파악하지 못합니다. 결국 보고서 검토의 흐름이 깨지고, 작성자의 입장에서는 열심히 작성한 보고서임에도 불구하고 '옥에 티'로 여겨질 수도 있습니다.

(억 원)

구분	금액	비고
매출	1,000	–
영업이익	300	영업이익률 30%

구분	단가(백만 원)	수량(개)	인원(명)
A 제품	10	150	300
B 제품	15	200	150

▲ 표 단위 표시

비용(가격)이 명시될 때는 부가가치세를 포함한다

부가가치세(VAT)는 공급된 재화나 서비스에 부과되는 10%의 세금입니다. 판매 회사가 비용을 받기 위해서 전자세금계산서를 발행할 때 총 금액과 함께 총 금액의 10%를 부가가치세로 포함해서 청구하고 지급을 받습니다. 그 이후에 판매 회사가 부가가치세를 정부에 대신 납부하는 시스템입니다.

비용이나 가격이 포함된 보고서를 검토할 때는 반드시 부가가치세가 포함되어 있는지 확인해야 합니다. 판매 회사에서 구매 검토를 위해서 사전에 견적서를 받아서 총 금액을 확인합니다. 견적서에 부가가치세 포함인지 미포함인지를 명확하게 확인하지 않으면, 나중에 지급되는 총 금액이 예상과 달라져서 낭패를 볼 수도 있습니다.

예를 들어, 보고서에 PC 구매 가격을 추가하기 위해서 A, B업체에 PC 5대 구매에 대한 비용을 파악했다고 가정하겠습니다. A업체는 PC 5대 가격이 500만 원인데 부가가치세를 포함했고, B업체는 PC 5대 가격이 500만 원인데 부가가치세를 미포함했습니다.

이렇게 하면 A업체 PC 1대 가격은 90.9만 원이고, B업체 PC 1대 가격은 100만 원입니다. 비용 측면만 고려하면 A업체에서 구매해야 합니다. 그리고 보고서에 PC 구매 비용 관련 내용을 작성할 때 A업체를 선정하였고, PC 5대에 500만 원(VAT 포함)이라고 명시해서 보고해야 합니다.

□ 가격 : 5,500,000원 (VAT 포함)　☞ 세금계산서 5,500,000원

(단위 : 원, 개)

항목	단가	수량	금액	비고
PC	1,100,000	5	5,500,000	VAT 포함

▲ 견적서 부가가치세(VAT) 포함 예시

반드시 알아야 할 기초 문법

☐ 보고서의 글꼴 크기는 최종 보고를 받는 대상자의 연령대를
고려해서 최소 12 이상으로 작성하되 너무 크지 않도록 한다.

☐ 글꼴 강조를 위해서는 되도록 2개 이하 색깔을 사용하고
파란색은 긍정적인 표현으로, 빨간색은 부정적인 표현에 사용한다.

☐ 핵심 단어와 문장을 강조하는 방법은 볼드체, 밑줄, 글꼴 크기,
따옴표, 글꼴 변경 등을 활용해서 강조할 수 있다.

☐ 보고서를 여러 명이 함께 작성하거나 중간 리더가 수정할 때는
자동 서식 기능이 불편할 수 있으니 수동 서식으로 작성한다.

☐ 글머리 번호는 보고서를 수정할 때 불편하므로
글머리 기호를 사용하는 것이 보고서 작성할 때 효율적이다.

☐ 보고서 가독성을 위해 초기에 줄 간격과 단락 간격을
적당하게 설정하여 효율적으로 작성한다.

☐ 한 문장을 끊김 없이 길게 이어쓰기를 하는 것보다는
2줄 이내 문장으로 작성하고 줄 바꿈을 통해서 내려쓰기를 한다.

☐ 보고서를 작성할 때 새로운 문단이 시작하는 것을 알리기 위해서
문단의 첫 줄에 첫 번째 칸을 비우는 들여쓰기를 한다.

☐ 보고서는 원칙적으로 띄어쓰기로 작성하나, 문장이 길어져
줄 바꿈을 한다면 숫자 단위는 붙여쓰기로 작성할 수도 있다.

☐ 보고서에 사용된 숫자는 단위를 표시하여 정확한 정보를 전달하고
비용(가격)을 명시할 때는 부가가치세를 포함하여 작성한다.

탄탄한 실력이
드러나는 중급 비법

글쓰기와
도식화 역량이 동시 필요

글로벌 IT 기업들은 신제품을 출시할 때 제품의 가치를 효과적으로 전달하기 위해 영상 제작에 노력을 기울입니다. 단순한 제품 소개를 넘어서 소비자의 관심을 끌고 감성을 자극할 수 있도록 영상을 제작하며 강렬한 인상을 남깁니다.

정보 전달력의 극대화를 위해 시각화를 활용한다

신제품 발표 영상의 핵심은 신제품의 특징과 차별화 요소를 짧은 시간 안에 효과적으로 전달하는 것입니다. 시각적 요소와 사운드를 활용하여 메시지를 생동감 있게 전달합니다. 제품의 기술적 우수성뿐만 아니라, 브랜드 철학과 비전을 영상 속에 자연스럽게 표현해서 소비자에게 강한 몰입감을 제공해야 합니다.

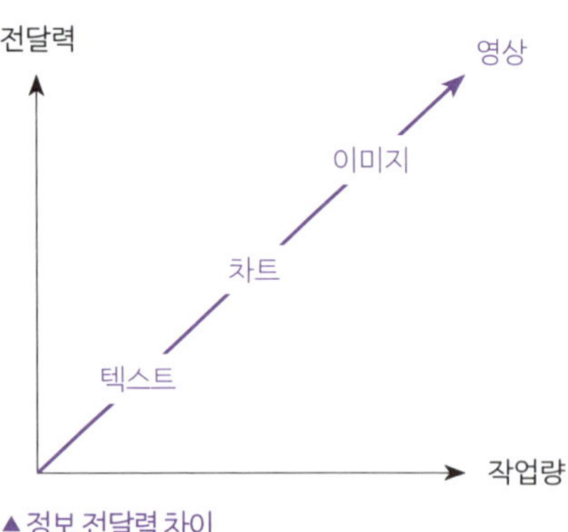

▲ 정보 전달력 차이

영상 발표뿐만 아니라 파워포인트도 핵심 내용을 효과적으로 정리한 후에 세련된 이미지와 디자인 요소를 적용하여 발표 자료를 구성할 수 있습니다. 단순한 텍스트 나열이 아니라, 제품의 특징을 직관적으로 보여줄 수 있는 그래픽과 다이어그램을 적극적으로 활용하면 효과적입니다. 발표자는 이러한 자료를 기반으로 페이지별 핵심 내용을 명확하게 설명하여 메시지가 청중에게 잘 전달될 수 있도록 준비합니다.

신제품 발표에서 가장 중요한 목표는 정보 전달의 극대화입니다. 이를 위해 영상이나 이미지 같은 시각적 요소를 적극적으로 활용하면 청중의 이해도를 높이고 발표의 몰입도를 끌어낼 수 있습니다.

그렇다고 보고서를 처음부터 간결한 이미지로 작성하는 것은 어렵습니다. 일단 텍스트 중심으로 주요 내용을 정리하고 여러 번 리더의 검토와 경영진의 피드백을 반영해서 완성할 수 있습니다.

그 이후에 텍스트로 정리된 자료를 파워포인트로 변환하면서 정제된 형식으로 구성하세요. 최종적으로 그래픽 디자이너에게 요청하면 주요 내용을 이미지로 전환할 수 있습니다.

보고서를 잘 작성하기 위해서는 기본적으로 텍스트를 활용하여 정보를 명확하고 논리적으로 전달할 수 있는 글쓰기 역량이 필수적입니다. 또한 보고서에는 다양한 데이터와 정보가 포함되기 때문에, 이를 효과적으로 표현할 수 있는 도식화 능력도 매우 중요합니다. 텍스트만으로는 복잡한 데이터를 전달하는 데 한계가 있습니다. 차트, 그래프, 표 등을 적절히 활용하여 시각적으로 명확하게 표현하는 것이 필요합니다.

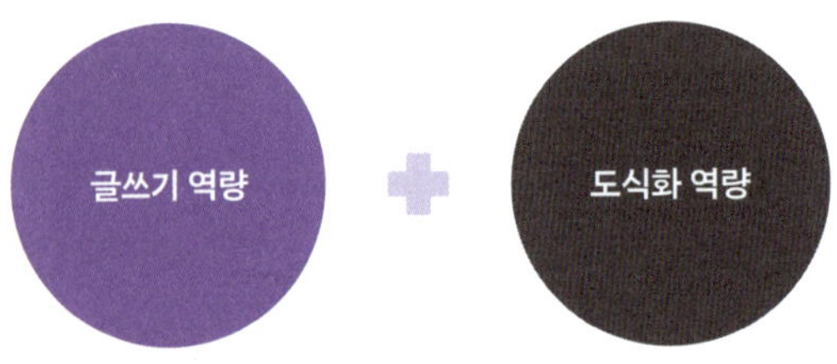

▲ 보고서 작성 역량

이를 통해 검토자는 데이터의 흐름과 의미를 한눈에 파악할 수 있습니다. 결국 논리적인 글쓰기 역량과 데이터를 효과적으로 전달할 수 있는 도식화 역량이 조화를 이루어야 합니다.

인포그래픽을 통해
정보 도식화하기

우리는 일반적으로 소설의 유명한 문장보다는 영화나 드라마에서 유명한 장면을 오래 기억합니다. 이처럼 사람의 뇌는 텍스트보다 이미지를 훨씬 빠르게 처리합니다.

인포그래픽은 정보, 자료, 지식을 시각적으로 표현하는 것으로, 시각화된 자료는 우리가 그 대상을 더 오래 기억하게 도와줍니다. 텍스트만 있는 자료보다 시각화된 자료가 더 눈에 잘 띄고 흥미를 유발합니다.

❶ 3개 제품에 대한 매출액을 비교하는 시각화 자료

첫 번째로 제시하는 예제는 보고서에서 3개 제품에 대한 총 매출액을 나타냈습니다. 텍스트로 된 정보는 A제품 총 매출액은 200억 원, B제품 총 매출액은 150억 원, C제품 총 매출액은 170억 원이라는 것입니다.

이처럼 텍스트로만 정보를 인식할 때는 제품별 매출액의 차이가 어느 정도인지 직관적으로 와닿지는 않습니다. A제품 총 매출액이 가장 높고 B제품 총 매출액이 가장 낮습니다. 이것을 다음과 같이 막대 그래프로 시각화하면 텍스트와 숫자로 표현한 것보다 확실하게 한눈에 제품별 매출액을 비교해서 파악할 수 있습니다.

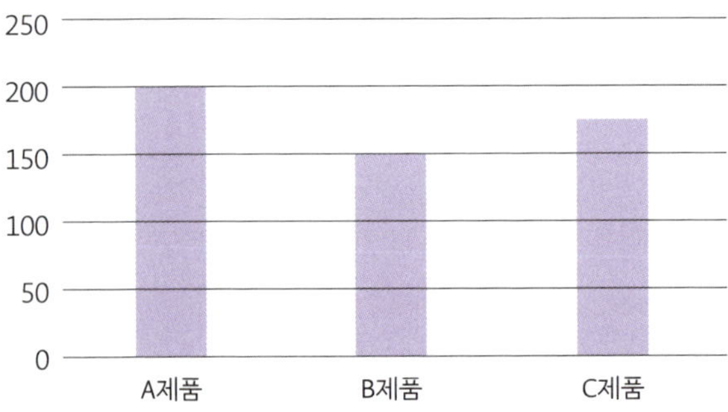
▲ 정보 도식화 사례 1

❷ 2개 제품에 대한 영업 이익을 비교하는 시각화 자료

두 번째로 제시하는 예제는 보고서에 텍스트 중심으로 년도별 영업이익 실적과 예상을 비교하는 정보입니다. 이 회사는 2024년도 영업이익이 500억 원을 달성하였고, 2025년도 영업이익 목표는 시장 상황과 경쟁 심화에도 불구하고 1,000억 원으로 설정하였습니다. 이를 시각화하면 아래와 같습니다.

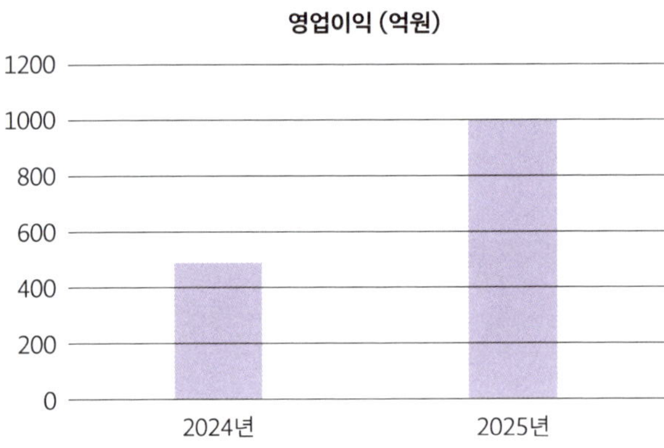

▲ 정보 도식화 사례 2

다시 한번 정리하면 인포그래픽은 데이터와 수치 등에 대한 분석 정보를 한 눈에 빠르게 전달하기 위해서 그래픽을 활용하여 높은 시각적 효과가 있도록 표현한 것입니다.

데이터 간의 관계를 쉽게 이해할 수 있으며, 숫자로만 제시된 매출 데이터를 보는 것보다 막대 그래프나 파이 차트로 표현하면 변화 추세를 훨씬 쉽게 비교해서 파악할 수 있습니다.

막대 그래프로 정보 도식화하기

막대 그래프의 비교 항목이 4~5개를 초과하면 너무 많은 정보가 함께 있어서 복잡합니다. 데이터를 덜어내고 중요한 것들만 추려서 부각하는 선택과 집중이 필요합니다. 데이터 정보를 간결하게 구성해서 쉽게 비교 내용이 읽히는가를 확인하세요.

❶ 막대 그래프는 4~5개 비교 항목 데이터를 초과하지 않는다

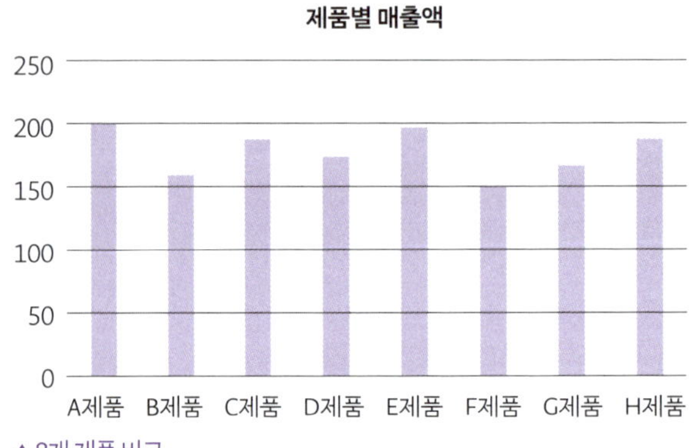

제품별 매출액

▲ 8개 제품 비교

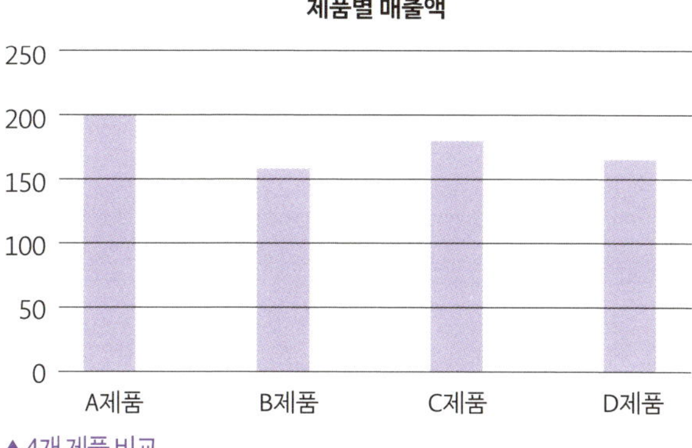

▲ 4개 제품 비교

첫 번째 막대 그래프는 제품별 매출 데이터가 8개로 한번에 많은 데이터를 비교하고 있습니다. 너무 많은 제품별 매출 데이터가 있어서 상대적인 비교가 한눈에 들어오지 않습니다.

물론 틀린 것은 아니지만, 정확한 제품별 매출 데이터 비교를 위해서 특히 막대 그래프를 작성할 때는 4~5개 이하의 데이터를 사용하세요. 이와 비교해서 두 번째 막대 그래프는 적정 수준의 제품별 매출 데이터가 4개로 정확히 비교할 수 있어서 의사결정에 도움이 됩니다.

❷ 막대 그래프는 내림/오름 차순으로 정리해서 비교한다

다음 예시를 살펴보겠습니다. 처음에 제시한 막대 그래프는 데이터가 들쑥날쑥한 상태로 데이터를 비교하기 어렵습니다. 막대 그래프를 도식화 할 때 참고해야 할 것은 데이터 크기에 따라서 내림차순(큰 값부터 작은 값 순서)이나 오름차순(작은 값부터 큰 값 순서)으로 정리하는 것입니다. 이를 통해서, 정렬된 데이터를 보면 값의 변화를 쉽게 파악할 수 있습니다.

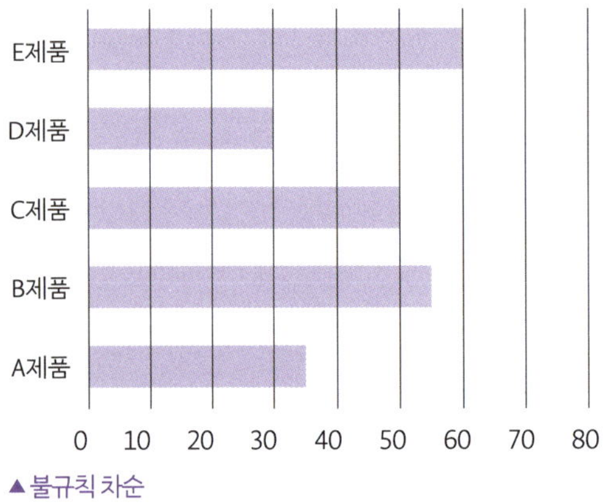

▲ 불규칙 차순

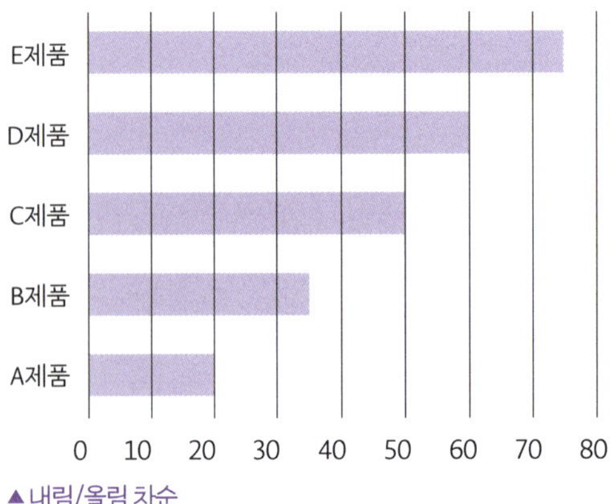

▲ 내림/올림 차순

예를 들어 성적 데이터를 오름차순으로 정리하면 누가 가장 낮은 점수를 받았는지 알 수 있습니다. 내림차순으로 정리하면 최고 점수를 쉽게 확인할 수 있습니다. 또한 오름차순과 내림차순으로 데이터를 정렬하면, 증가 또는 감소하는 경향을 쉽게 분석할 수 있습니다.

시계열 막대 그래프는 시간이 흐름에 따라 데이터가 어떻게 변화하는지 보여주는 그래프입니다. 막대 그래프를 시계열로 붙여서 작성할 때 데이터의 변화를 한눈에 보기 쉽게 하기 위해서, 옅은 색에서 짙은 색으로 색상을 점진적으로 변화시키면 효과적입니다.

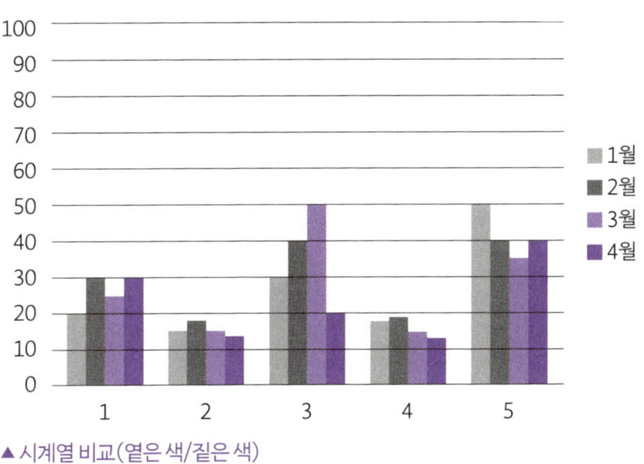

▲ 시계열 비교(옅은 색/짙은 색)

시간 순서대로 색이 점점 진해지면 데이터를 볼 때 흐름을 자연스럽게 이해할 수 있습니다. 색상 변화를 적용하는 방법에는 단일 색상의 농도 차이를 활용하거나, 다양한 색상을 활용해서 표현하는 방법이 있습니다.

파이 차트로
정보 도식화하기

파이 차트는 데이터의 구성 비율과 상대적인 중요도를 시각적으로 표현하는 데 유용한 차트입니다. 원 모양의 차트를 여러 개의 조각으로 나누어 각 데이터가 전체에서 차지하는 비율을 직관적으로 보여줍니다.

원의 크기를 100%로 설정하고 각 조각이 얼마만큼의 비중을 차지하는지 시각적으로 인식할 수 있습니다. 다양한 데이터들이 가진 각각의 의미를 간결하게 전달하기 위해서 파이 차트로 시각화하는 경우가 많습니다.

일반적으로 엑셀에서 제공하는 차트 만들기 기능(원형 차트, 도넛 차트, 꺾은 선형 차트, 영역형 차트, 막대형 차트, 분산형 및 거품형 차트, 통계 차트, 계층 구조 차트 등)을 활용해서 파이 차트를 만들면 원하는 방식으로 정보를 전달할 수 있습니다. 엑셀에서 표 형태로 항목과 데이터를 작성하고 데이터 영역을 선택한 후에 [삽입] 〉 [차트] 〉 [2차원 원형]을 클릭해서 파이 차트로 변경할 수 있습니다.

엑셀이 파이 차트를 생성할 때 데이터의 위치 순서를 자동적으로 정하기 때문에 바로 내용을 파악할 수는 있습니다. 하지만 데이터를 잘 비교해서 파악할 수 있는 위치에 직접 배치하면 더욱 효율적입니다.

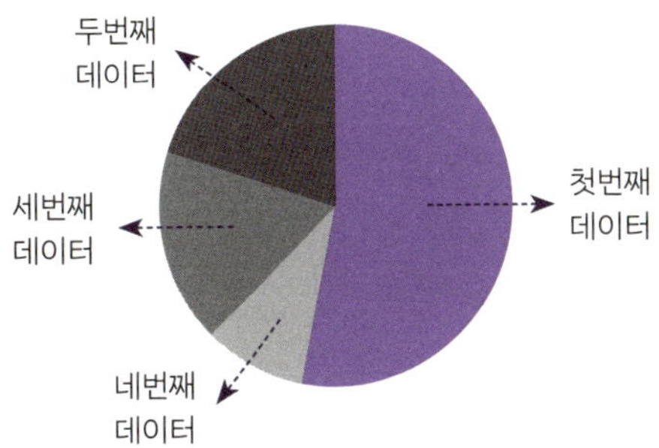

파이 차트의 가독성을 높이는 방법은 위의 예시와 같이 가장 큰 데이터를 오른쪽에 두고, 왼쪽은 위부터 아래 방향으로 데이터 크기를 순차적으로 배치하는 것입니다. 물론 반대로 가장 큰 데이터를 왼쪽에 두고, 오른쪽 위부터 아래로 데이터 크기 순서로 작성하는 방법도 있습니다.

비율이 유사한 데이터를 파이 차트로 표현하는 것은 부적합합니다. 아래의 두 가지 예시를 살펴보세요. 오른쪽 차트는 제품 비중에 대한 파이 크기를 비교해서 파악할 수 있으며, 1~4위 제품 순서를 별도로 비중에 대한 숫자 표시하지 않아도 직관적으로 알 수 있습니다.

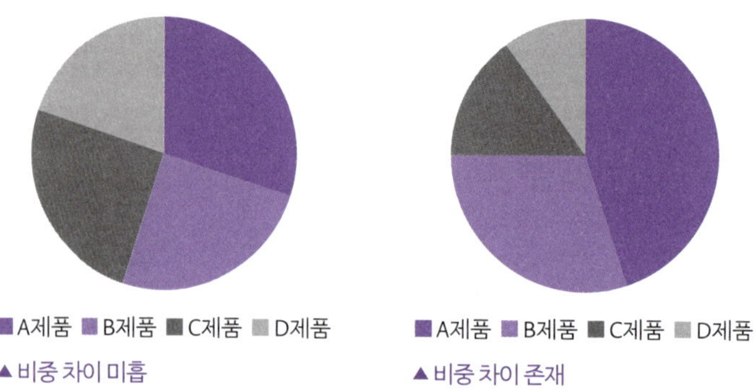

▲ 비중 차이 미흡   ▲ 비중 차이 존재

하지만 왼쪽 파이 차트는 4개 제품 비중이 비슷하여 1~4위 제품을 비교하는 것이 어려우며 제품 비중을 알기 위해서는 비중에 대한 숫자 표시를 해야만 인지할 수 있습니다.

파이 차트는 알록달록한 범례 색상을 눈에 피로하지 않고 안정감 있는 색상으로 변경할 수 있습니다. 파이 조각 영역을 클릭하면 [데이터 요소 서식]에서 [채우기], [테두리] 등을 수정할 수 있습니다.

또한 기본으로 주어지는 폰트 크기를 크게 조정하고 추가적으로 필요한 항목과 비중은 파워포인트에서 직접 글자를 추가하는 등 핵심 데이터를 강조하면 정보 전달이 더욱 잘 되는 자료가 될 것입니다.

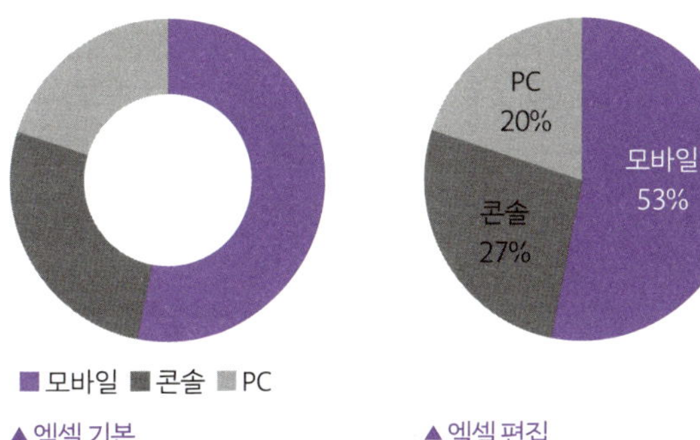

▲ 엑셀 기본　　　　　　　　▲ 엑셀 편집

선형 차트로
정보 도식화하기

선형 차트는 시간에 따른 변화나 추세를 시각적으로 표현할 수 있습니다. 가로 축은 시간을, 세로 축은 값을 나타냅니다. 선형 차트도 데이터를 4~5개 이내로 사용합니다. 선이 여러 개가 있으면 색상을 명확하게 구분하여 어떤 선이 어떤 데이터를 의미하는지 표시합니다. 만약에 여러 데이터를 색상으로 표시하였으면 범례를 추가합니다.

세로 축 간격을 적절하게 표현한다

왼쪽 선형 차트는 세로 축 범위가 10과 20에 집중되어 상대적인 데이터 차이를 파악하기 어렵습니다. 세로 축을 너무 넓거나 좁은 범위로 설정하면 데이터의 변동성을 과소 평가 또는 과대 평가하게 됩니다. 데이터가 명확하게 보이도록 세로 축 범위를 조정해야 합니다.

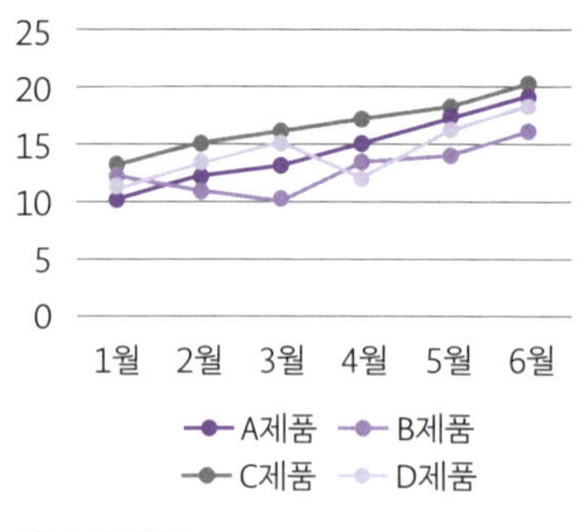

▲ 축 서식 기본　　　　　　　　　　▲ 축 서식 조정

오른쪽 선형 차트는 세로 축을 2단위 간격으로 나눴습니다. 또한 10부터 20까지 범위를 줄여서 가독성이 높도록 조정하여 제품별 데이터 비교가 가능하도록 표현했습니다.

선형 차트에서 핵심 데이터는 아래 예시의 오른쪽 차트와 같이 색 강조 또는 숫자를 추가하여 강조할 수 있습니다. 폰트 크기와 범례 위치를 조정하고, 눈금, 격자선, 보조 지표를 추가하면 가독성이 향상됩니다. 또한 중요한 변화가 있는 지점을 강조하거나, 특정 구간을 하이라이트하면 직관적인 차트를 만들 수 있습니다.

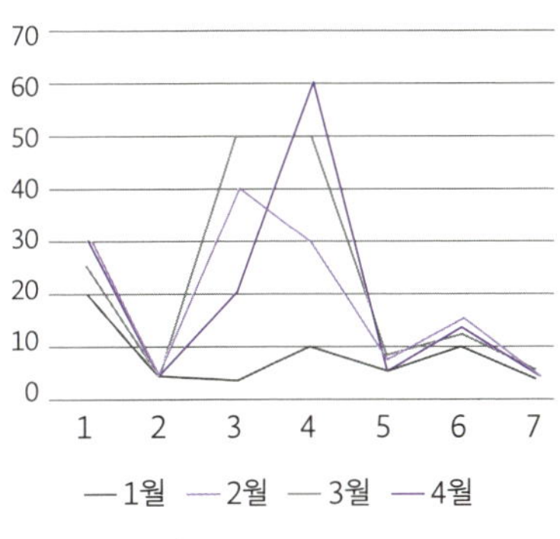

▲ 기몬 선형 자트

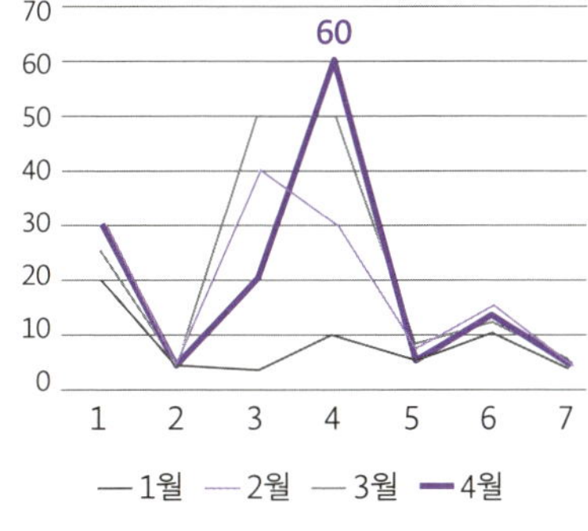

▲ 편집 선형 차트

예를 들어, 최고점이나 최저점을 강조하면 데이터의 의미를 쉽게 파악할 수 있습니다. 다만 데이터 포인트가 너무 많으면 선이 너무 복잡해져서 읽기 어렵습니다. 적절한 샘플링을 통해 가독성을 유지하는 것이 핵심입니다.

추가적으로 선형 차트를 작성할 때 주의할 점이 있습니다. 바로 세로 축을 0이 아닌 값에서 시작하면 자칫 데이터가 왜곡될 가능성이 있다는 것입니다. 의도적으로 변화를 극적으로 연출하려는 욕심에 축을 조작하지 않도록 주의해야 합니다.

또한 차트의 과도한 장식인 3D 효과, 그러데이션 등 불필요한 장식 요소는 데이터 해석을 방해할 수 있습니다. 항상 가독성을 고려하여 간결하고 명확한 디자인을 유지하는 것이 좋습니다.

도식화에 따른
왜곡된 표현 주의하기

보고서에서 도식화를 적용할 때 데이터의 크기와 차트의 크기는 적절한 비례 관계를 유지해야 합니다. 데이터 시각화는 복잡한 정보를 보다 직관적으로 전달하는 중요한 역할을 하지만, 그래프나 차트의 크기가 데이터의 실제 규모를 정확하게 반영하지 못하면 정보 전달에 치명적인 오류가 발생할 수 있기 때문입니다.

예를 들어 특정 수치를 강조하기 위해 과도하게 확대된 차트를 사용하거나, 반대로 상대적으로 큰 차이에도 불구하고 차트 크기를 축소 조정하여 그 차이가 보이지 않게 표현하는 것입니다. 이러한 방법은 데이터의 본래 의미가 왜곡될 가능성이 있습니다. 시각적 오류는 의사결정 과정에서 오해를 불러일으킬 수 있으며, 잘못된 의사결정을 도출하는 원인이 될 수 있음을 명심해야 합니다.

데이터 값과 차트 크기의 비율을 적절하게 표현한다

다음의 예시를 살펴보겠습니다. 2024년과 2025년을 비교하는 2개의 영업이익에 대한 막대 그래프입니다. 첫 번째 막대 그래프에서 영업이익이 더 많이 증가한 듯 보이나 10억 원 증가한 자료이며, 두 번째 막대 그래프의 영업이익이 더 적어보이지만 실질적으로 100억 원이 증가한 자료입니다. 따라서 데이터를 시각화할 때는 데이터 값과 차트 크기의 비율을 적절하게 조정하여 실제 수치가 왜곡되지 않도록 주의해야 합니다.

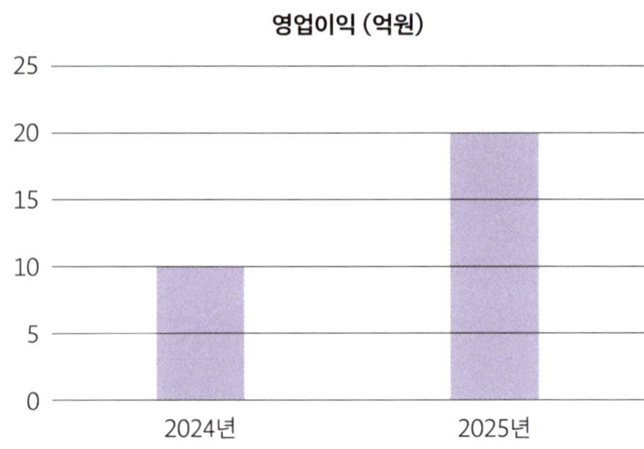

▲ 과대 표현(단위 작음)

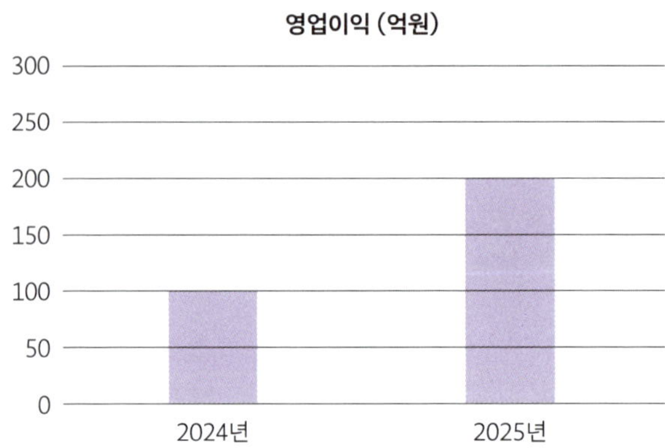

▲ 과소 표현(단위 큼)

X축이나 Y축 범위를 임의로 조정하여 데이터의 차이를 부각하거나 축소하는 방식을 사용하면 보고서의 신뢰도가 떨어집니다. 또한 특정 주장을 강조하거나 특정 결과를 유도하기 위해 의도적으로 조작해서는 안 되며, 사실 그대로의 데이터를 정확하게 표현해야 합니다.

아래의 예시와 같이 하나의 차트에서 2개 축 단위 성격을 가진 이중 축 차트는 서로 다른 단위를 가진 두 개의 데이터를 한 차트에 표현할 때 유용합니다. 이중 축 차트는 장단점이 명확하므로 적절한 상황에서 사용해야 합니다.

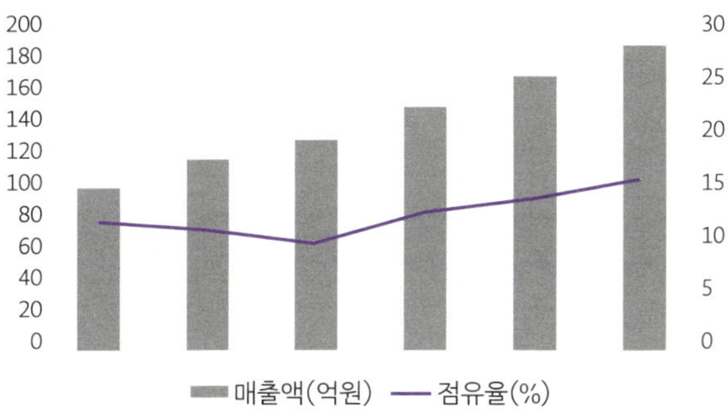

▲ 매출액과 점유율

장점으로는 서로 다른 데이터 간의 관계를 한눈에 비교하기가 가능하다는 것입니다. 또한 화면에 더 많은 정보를 제공할 수 있어 공간을 절약하므로 시각적으로도 효과적입니다. 두 개의 데이터 추세를 함께 볼 수 있어, 직관적으로 변화 패턴을 인식할 수 있습니다.

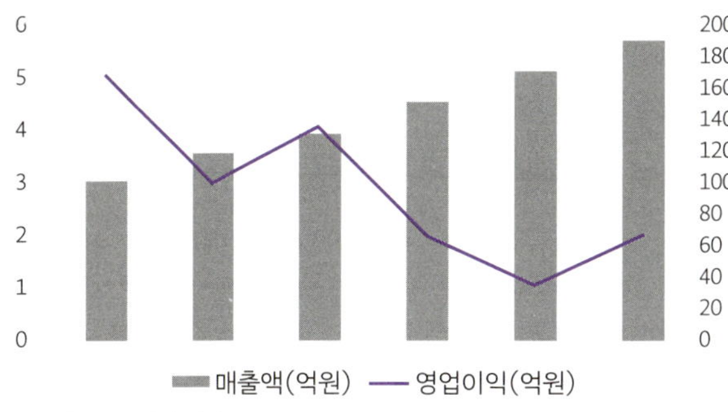

▲ 매출액과 영업이익

주의할 점은 그래서 두 데이터 간의 연관성이 명확한 경우에만 활용해야 한다는 것입니다. 두 데이터가 동시에 같은 차트에 표현되면, 실제로 관련이 없는 데이터라도 상관관계가 있는 것처럼 보일 수 있습니다.

또한 두 데이터의 단위가 다르기 때문에 축의 스케일을 어떻게 설정하느냐에 따라 데이터 해석이 달라질 수 있습니다. 축 스케일을 신중하게 조정하여 왜곡을 방지해야 합니다.

주요 페이지는
레이아웃을 구조화하기

보고서를 작성할 때는 먼저 핵심 내용을 텍스트 중심으로 정리한 후, 문장을 정리하면서 점진적으로 다듬어야 합니다. 초안에는 핵심 내용과 논리 흐름에 집중하여 먼저 '글'로만 구성합니다. 불필요한 표현을 제거하고 문장을 명확하게 다듬는 과정이 필요합니다.

이후에는 페이지별로 구조화된 레이아웃을 구성해야 합니다. 레이아웃이란 특정 공간에서 텍스트, 표, 그래프, 이미지 등 다양한 구성 요소를 보기 좋게 배치하는 작업입니다.

읽는 사람이 정보를 쉽게 이해할 수 있도록 논리적인 흐름과 가독성을 고려하여 시각적으로 정리해야 합니다. 특히 페이지마다 정보의 중요도에 따라, 강조하는 내용과 보조적인 내용을 균형 있게 배치하는 것이 효과적입니다. 이번에는 전략 부문, 단계별 부문, 결론 부문에 따른 페이지 구조화 사례를 살펴보겠습니다.

전략 부문은 보고서에서 특히 강조해야 할 부분으로, 본격적인 내용을 시작하는 페이지입니다. 전체적인 보고서의 목적과 방향을 제시하는 역할을 합니다.

독자가 내용을 쉽게 이해할 수 있도록 핵심 주제를 명확하게 정리해야 하며, 주요 개념을 한눈에 파악할 수 있도록 요약본이나 개념도를 활용하는 것도 좋습니다.

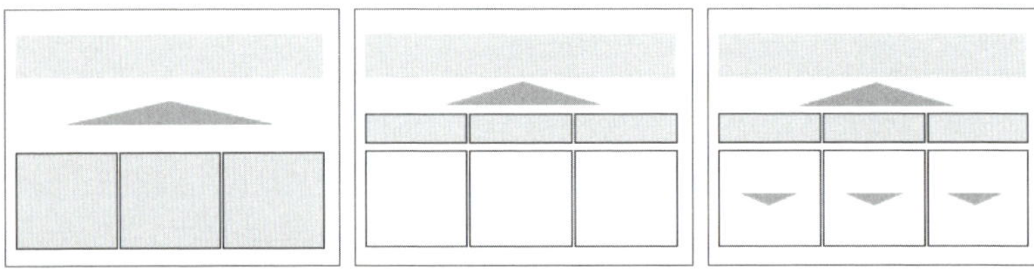

▲ 페이지 구조화 사례 (전략)

전략 보고서를 작성할 때 비전, 목표, 전략, 전술을 기술하는 페이지가 여기에 속합니다. '비전'은 미래에 달성하고자 하는 지향점입니다. '목표'는 비전을 구체화한 것으로 바라는 주요 결과입니다. '전략'과 '전술'은 비전과 목표를 달성하기 위한 계획과 방법입니다. 페이지 상단에는 비전을 기술하고 중간에는 목표를 제시하고 하단에는 전략 및 전술을 작성할 때 사용합니다.

보고서 본문도 다양하게 레이아웃을 구조화할 수 있습니다. 그 중에서 시간 또는 단계별로 구성되는 페이지는 왼쪽에서 오른쪽으로 또는 아래에서 위쪽으로 방향성에 통일감을 줍니다. 시간 및 단계별로 맞추어 주요 내용을 요약해서 레이아웃을 구성합니다.

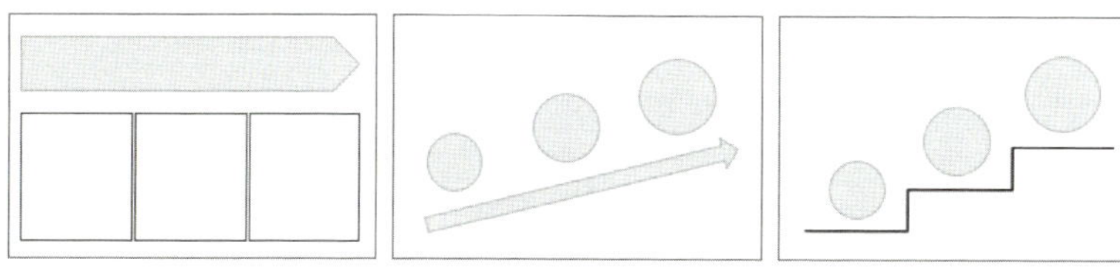

▲ 페이지 구조화 사례 (단계)

결론 페이지는 보고서 전체를 아우르는 1~2개 문장으로 결론을 정리하고, 핵심 내용으로 3~5개 하위 항목을 정리하면 됩니다. 이처럼 페이지별로 구조화된 레이아웃을 구성하는 역량은 중장기간 다양한 보고서를 작성하고 시행착오를 거쳐야 얻을 수 있습니다.

구조화된 보고서를 여러 번 작성해 보았다면 다양한 예제를 보유하게 되므로 다른 보고서 작성 시 재활용하면 점차 작성 시간을 줄일 수 있을 것입니다.

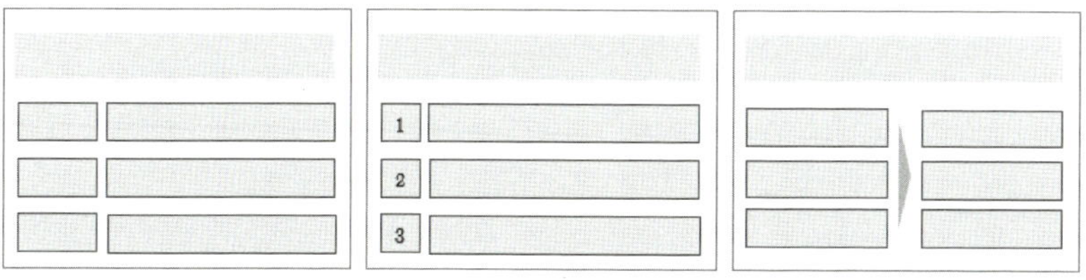

▲ 페이지 구조화 사례 (결론)

텍스트 박스를 활용하여
중앙 정렬하기

보고서를 작성할 때 자주 사용하는 정렬 방식은 좌측 정렬과 중앙 정렬입니다. 이번에는 중앙 정렬을 언제 활용하면 좋은지 살펴보겠습니다. 저는 사원 시절에 파워포인트로 보고서를 자주 작성했습니다.

그러던 어느 날, 우연히 선배에게 텍스트 박스를 효율적으로 중앙 정렬하는 방법을 배웠습니다. 그때 배운 방법이 지금까지 보고서를 작성할 때 가장 많이 활용하는 문서 작성 방법 중 하나가 되었습니다.

❶ 보고서 중앙 정렬을 대략적인 위치로 설정

보고서 제목을 중앙 정렬하는 방법은 여러 방법이 있지만 대략적인 눈대중으로 중앙에 배치해도 큰 이슈는 없습니다. 처음에 대략적으로 배치할 때 약간 신경을 써서 양쪽 공간 비율을 비슷하게 맞추어서 중앙 정렬 위치를 판단하면 됩니다.

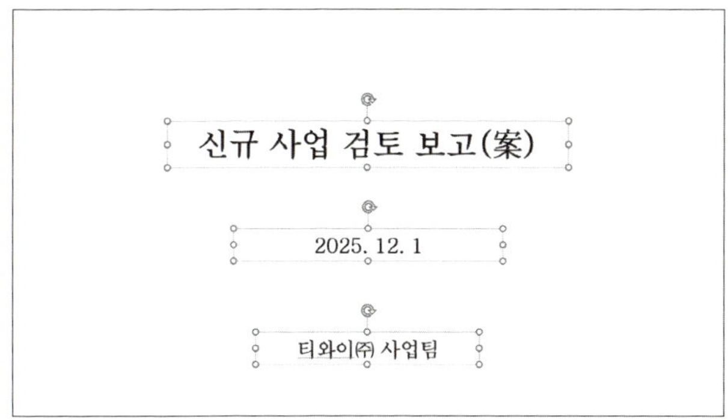

▲ 대략적인 위치에서 중앙 정렬

❷ 눈금선을 활용한 중앙 정렬

파워포인트를 활용한 보고서 작성에 경험이 있는 사람들은 [**보기**]에서 눈금선과 안내선을 설정하고 중앙 정렬하기도 합니다. 하지만 보고서 분량이 많아질 때는 수동 작업은 지양하고, 효율적으로 작성하는 것이 중요합니다.

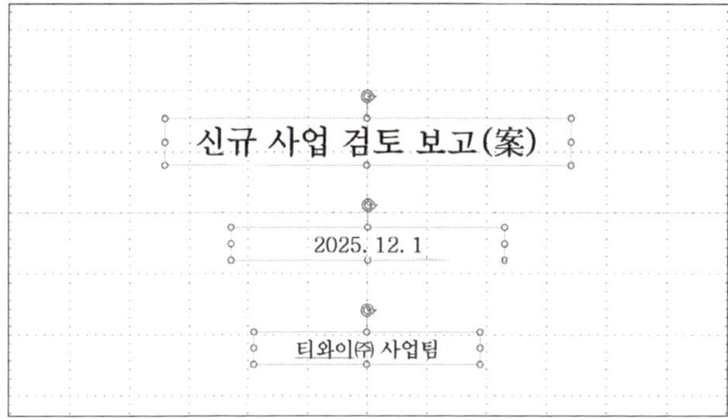

❸ 텍스트 박스를 활용한 중앙 정렬

효율적이면서 정확한 중앙 정렬 방법은 간단합니다. 바로 텍스트 박스를 페이지 양쪽 끝까지 위치하도록 크게 만드는 것입니다. 이후 텍스트 박스 안에 작성하고자 하는 문구를 적습니다.

[홈] 〉 [단락] 〉 [가운데 맞춤]을 누르거나 Ctrl+E 를 누르면 텍스트 박스 안에 문구가 중앙 정렬됩니다. 저는 보고서를 작성할 때 이와 같이 사원 시절에 선배에게 배웠던 중앙 정렬 방법을 여전히 활용합니다.

표는 페이지
최대 너비로 맞추기

보고서에서 표를 직접 작성하거나 엑셀에서 표를 작성한 후 워드나 파워포인트에 붙여넣기를 할 때, 간혹 내용이 간단하면 문서 공간이 많음에도 불구하고 어중간하게 중간 정도의 크기로 표시됩니다.

페이지 좌우폭에 표의 크기를 최대한 맞추어 작성한다

표를 작성할 때 워드와 파워포인트에서 페이지 좌우폭에 2/3 또는 3/4 정도로 작성되는 경우가 있습니다. 틀렸다고 할 수는 없지만, 표를 많이 사용하게 되면 우측 공간이 들쑥날쑥해서 안정감이 미흡합니다.

구분	인원	금액
급여	100명	5,000,000원

구분	단가	수량	금액
구매	10,000원	10개	100,000원

▲ 기존 : 페이지 가로 넓이의 2/3 또는 3/4

표를 사용할 때는 페이지 좌우폭을 최대 넓이로 활용해서 구도를 잡으면 밸런스 있는 보고서가 될 수 있습니다.

구분	인원	금액
급여	100명	5,000,000원

구분	단가	수량	금액
구매	10,000원	10개	100,000원

▲ 변경 : 페이지 가로 넓이와 동일

표를 사용할 때 행 높이와 열 너비를 맞춘다

표를 사용할 때 항목 내용에 따라 레이아웃 크기를 다르게 작성할 수도 있습니다. 그러나 표 안을 마우스로 클릭한 상태에서 **[표 도구]** 〉 **[레이아웃]**을 선택하여 **[행 높이를 같게]** 또는 **[열 너비를 같게]**를 활용하여 동일한 높이와 넓이로 구성하면 보기에 더욱 좋습니다.

구분	단가	수량	금액
구매	10,000원	10개	100,000원

▲ 기존 : 행 높이/열 너비 다름, 위쪽 가운데 맞춤

표 안에 텍스트들도 [**위쪽 가운데 맞춤**]으로 셀 상단으로 치우쳐서 작성하는 것보다는 [**가운데 맞춤**]으로 셀의 가운데 배치되도록 옵션을 함께 선택해 주면 훨씬 안정감 있는 표로 구성된 문서를 작성할 수 있습니다.

구분	단가	수량	금액
구매	10,000원	10개	100,000원

▲ 변경 : 행 높이/열 너비 같음, 가운데 맞춤

[**표 도구**] 〉 [**레이아웃**] 〉 [**행 높이를 같게**] 또는 [**열 너비를 같게**]를 선택하고, [**가운데 맞춤**]으로 설정하면 됩니다.

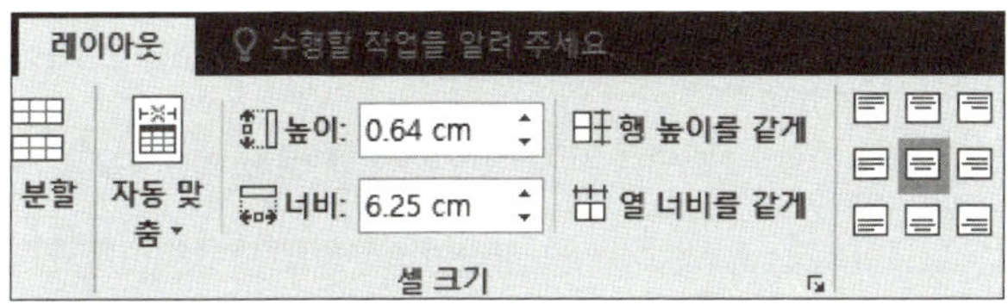

▲ 표 도구에서 레이아웃 설정

이미지와 동영상을 추가해서 설명하기

보고서 내용에 부합하는 이미지를 추가하면 설명 효과가 극대화됩니다. 예를 들어보겠습니다. 지금은 UI 용어를 잘 알고 있지만 2000년에는 전자 제품이 아날로그에서 디지털로 전환되면서 UI 개념이 발전하는 시절이었습니다.

제가 근무하던 글로벌 IT 기업의 연구소에 최고 경영진이 방문할 예정이었습니다. 당시에 3개월 정도 TF를 구성하여 UI 개념, 프로젝트 내용, 향후 계획 등에 대한 보고를 준비했습니다. 결론적으로 UI 연구 개념에 대해서 많은 텍스트로 설명한 자료보다 이미지 단 한 장으로 표현하고 설명한 것이 효과적이었습니다.

이미지와 차트에 대하여 간단한 설명이나 제목을 추가한다

부서원들이 작성한 보고서를 리뷰할 때마다 자주 피드백을 했던 것이 있습니다. '보고서를 보고 받는 사람 입장에서 작성하라'는 것입니다. 보고를 받는 사람이 바로 이해할 수 있도록 이미지와 차트에 대한 간단한 설명이나 제목을 명시하면 직관적인 보고서가 됩니다.

그런데 실무에서 마주하는 보고서들은 이미지 또는 차트에 대한 설명이 없는 경우가 많습니다. 담당자는 '발표할 때 자세하게 구두로 설명하면 된다'고 생각합니다. 하지만 담당자의 예상과 다르게, 보고서가 구두 설명의 기회 없이 메일로 보고하게 되거나, 보고 내용을 잘 모르는 유관 부서까지 공유될 수도 있습니다. 따라서 문서만으로도 내용을 편하게 이해할 수 있도록 이미지와 차트에 대한 간단한 설명이 필요합니다.

저도 부서원의 보고서를 검토하거나 대면 보고를 받는 중에 이미지와 차트가 있는 페이지에 도달했을 때를 돌이켜보면, 처음 보는 내용의 이미지와 차트가 나올 때마다 '무엇을 이야기하려고 하는 것인지' 의문이 생길 때가 있었습니다. 가끔은 담당자에게 직접 설명을 듣지 않으면 내용을 이해할 수가 없었습니다.

보고를 받는 사람은 이미지와 차트의 의미를 무척 궁금해 하면서도 집중해서 이해하려고 노력할 것입니다. 그러므로 이를 이해하기 힘들면 검토에 대한 흐름이 깨지거나, 의도와 다르게 오히려 부정적인 피드백이 나오는 원인이 될 수도 있습니다.

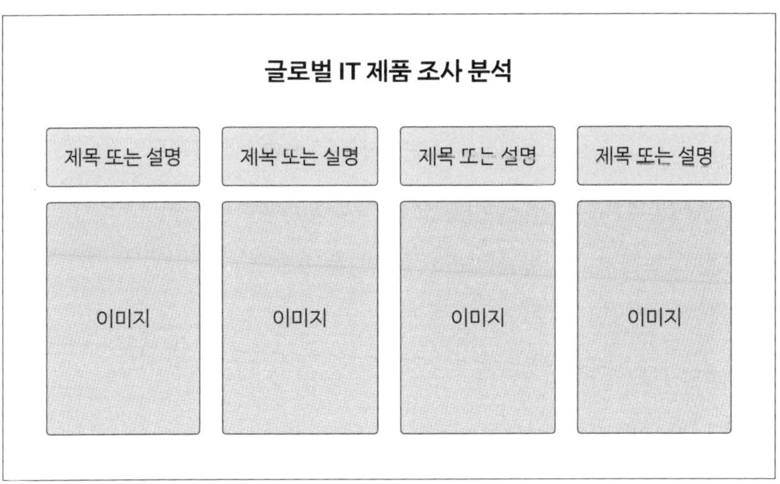

▲ 이미지와 차트에 대한 설명

파워포인트는 전달하고자 하는 내용에 대한 이해도를 더욱 높이기 위해 동영상을 추가하면 효과적입니다. 하지만 동영상을 제작하는 것은 시간과 노력이 필요하기 때문에 반드시 필요한 경우에만 제작합니다.

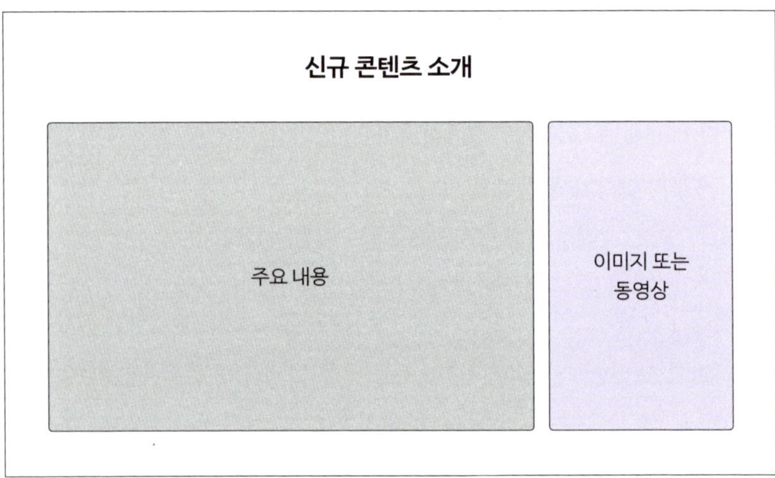

▲ 이미지와 동영상을 활용한 설명

파워포인트에서 동영상을 삽입하려면 [삽입] > [비디오] > [내 PC의 비디오]를 클릭합니다. 이후에 [비디오 삽입] 화면에서 파일을 선택하고 [삽입]을 누르면 파워포인트 파일안에 동영상이 추가됩니다. 파워포인트 파일 크기가 커지는 단점은 있으나 동영상 파일을 따로 관리할 필요 없이, 하나의 파일만 관리하면 되는 편리성도 있습니다.

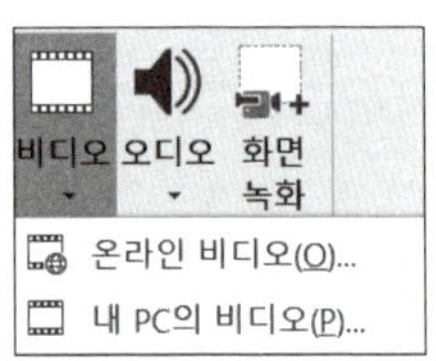

▲ 파워포인트에 동영상 포함하기

탄탄한 실력이 드러나는 중급 비법

- ☐ 보고서를 잘 작성하기 위해서는 기본적으로 글쓰기 역량과
  데이터를 효과적으로 전달할 수 있는 도식화 역량이 필요하다.

- ☐ 인포그래픽 등을 활용하면 핵심 내용을 한눈에 파악할 수 있고
  시각화된 자료는 정보를 더 오래 기억하게 도와준다.

- ☐ 막대 그래프는 비교하는 항목을 4~5개까지 구성하며
  내림차순 또는 오름차순으로 정리해서 비교한다.

- ☐ 파이 차트는 가장 큰 데이터를 오른쪽에 위치시켜서 배치하고
  왼쪽 위에부터 아래로 순차적인 데이터 크기로 배치하면 좋다.

- ☐ 선형 차트는 세로 축 간격을 적절하게 설정해서 비교하고
  중요한 변화 데이터는 색 또는 숫자로 강조한다.

- ☐ 과도하게 확대된 차트를 사용하거나, 과도하게 축소된 차트를
  사용하면 데이터의 본래 의미가 왜곡될 가능성이 있다.

- ☐ 핵심 내용을 전달하는 페이지는 텍스트만 나열하는 것이 아니라
  구조화된 레이아웃으로 구성하여 표현한다.

- ☐ 파워포인트에서 텍스트 중앙 정렬은 텍스트 박스를 페이지 양쪽 끝까지
  위치하고, 작성하고자 하는 문구를 적은 후에 가운데 맞춤으로 정렬한다.

- ☐ 보고서에서 표를 작성할 때는 페이지 좌우폭에 최대 너비를
  활용하여 균형감 있는 크기로 작성한다.

- ☐ 보고서 내용에 부합하는 이미지, 차트, 동영상을 사용하면 좋으나
  간단한 설명이나 제목을 통해 직관적으로 이해할 수 있도록 한다.

혼자 일하지 않는
실전 전략

쉬운 설명서와 같이
이메일 구성하기

상상해 봅시다. 여러분은 거실에서 컴퓨터를 사용하기 위해서 개인용 의자를 인터넷으로 구매했습니다. 완제품을 상상한 것과 다르게, 배송을 받았을 때는 간단한 조립이 필요한 형태로 부품과 조립 설명서가 함께 왔습니다. 만약, 여러분이라면 아래 두 상황에서 어느 쪽을 더 좋은 컴퓨터용 의자 제품이라고 판단하시겠나요? 두 가지 사례를 비교해 보겠습니다.

이해하기 쉬운 조립 설명서를 포함하면 제품 만족도가 높아진다

첫 번째, 반제품으로 구성되어 있으며 난해한 순서와 이미지로 표시된 조립 설명서가 있는 제품입니다. 제품 조립 설명서 내용을 읽어보고 이미지를 살펴보아도 무엇을 어떻게 해야 하는지 고민해야만 하는 제품입니다.

두 번째, 반제품으로 구성되어 있으나 간결한 이미지로 정리된 조립 설명서가 있는 제품입니다. 제품 조립 설명서가 가독성도 높고 내가 무엇을 어떻게 조립하면 되는지를 단계별로 쉽게 설명해 놓았습니다. 당연히 후자를 선택할 것입니다.

간혹 아이들과 함께 블록 장난감을 구매하고, 조립 설명서를 보면서 진행할 때 가끔 막히는 경우가 생길 때가 있습니다. 제품에 대한 신뢰가 급격하게 떨어집니다.

반면 쉬운 설명서 덕분에 순차적으로 막힘없이 짧은 시간에 제품이 조립되기도 합니다. 동일하게 블록 장난감을 조립해도 많은 부품들이 순차적으로 물 흐르듯이 조립되어 완성될 때 제품 만족도가 아주 높게 나타납니다.

이메일은 원하는 방향으로 상대방의 반응을 이끌어 내는 수단이다

회사에서 이메일로 보고하는 것도 깔끔한 조립 설명서와 같이 보고해야 합니다. 이메일은 일방적인 서술형으로 난해하게 정보를 전달하는 수단이 아닙니다. 이메일 작성자의 의도를 정확하게 전달하고, 작성자가 원하는 방향으로 상대방의 반응을 이끌어내는 상호간 소통 수단입니다.

간결하고 명쾌한 이메일은 핵심 내용을 바로 전달하고 쉽게 이해를 할 수 있으며, 이메일 수신자로 하여금 신속하게 반응이 일어나게 합니다. 불필요하고 장황한 설명을 줄이면 작성자와 수신자 모두의 시간을 아낄 수 있게 되므로 효율적인 업무 활동에 큰 도움이 됩니다.

다음 페이지의 이메일 공지 사례를 살펴보면 제목부터 전반적으로 무엇을 공지하려고 하는지 내용을 추측해 볼 수 있습니다. 먼저 사례를 살펴보겠습니다.

▲ 이메일 공지 사례

메일 본문을 시작하면서 가장 중요한 메시지를 전달하고 있습니다. 6/20(수) 10시에 개최되는 전사 간담회 일정을 공지하면서, 수신자들은 참석할 것을 독려하는 메일 내용을 간결하고 명확하게 담고 있습니다.

이메일 본문에
주요 내용을 작성하기

회사에서 업무를 수행할 때 이메일은 업무 효율성을 높이는 중요한 수단이므로, 본문 내용을 충실히 작성하고 첨부 파일은 보조적인 역할로 활용하는 것이 좋습니다.

특히 이메일 수신자가 궁금하게 생각하는 핵심 내용은 메일 본문에 요약하는 편이 좋습니다. 때때로 핵심 내용과 이슈를 첨부 파일로 공유하여 이메일만 읽고는 주요한 사항을 파악하는 데 불편함을 주는 경우도 있습니다.

이메일을 읽을 때 주요 내용이 첨부 파일에 있으면 불편하다

주요 내용을 첨부 파일로만 공유하면 이메일 수신자가 파일을 열어 보기 전까지 내용을 이해하기 어렵습니다. 바쁜 업무 중 이메일을 빠르게 확인하다가 첨부 파일을 놓칠 수도 있습니다.

게다가 최근에는 모바일에서 이메일을 확인하는 경우가 많습니다. 따라서 첨부 파일을 열기가 번거로울 수도 있습니다. 다음의 사례를 살펴봅시다.

안녕하십니까.

사내 이벤트를 앞두고 행사 계획을 정리하여 검토 요청 드립니다.

이번에는 다수의 계열사에서 선택형 선물 쿠폰을 지급 예정이며,

3일 전에 개인별 모바일 MMS를 전송할 계획에 있습니다.

자세한 사항은 첨부한 파일을 참조해 주시길 부탁드립니다.

감사합니다.

▲ 첨부 파일에 주요 내용 기술

위의 이메일 공지 사례에서는 '자세한 사항은 첨부한 파일을 참조해 주시길 부탁드립니다'라고 되어 있어서 주요 내용을 파악하는데 불편합니다. 모바일에서 첨부 파일을 살펴보려면 PDF, 엑셀, PPT 등 별도의 프로그램이 필요합니다. 또한 일부 환경에서는 열람이 불가능합니다.

간혹 과거에 받은 이메일 내용을 검색으로 찾는 경우가 있습니다. 이럴 때 이메일 본문은 검색이 가능하지만, 첨부 파일 내의 내용은 검색이 제한될 수 있습니다. 결론적으로 본문을 먼저 찾고 첨부 파일을 찾아야 하는 번거로움이 발생합니다.

리더는 하루에도 수많은 보고를 이메일로 받고 피드백을 합니다. 이메일 보고를 받을 때마다 메일 본문에는 핵심 내용과 이슈가 없고, 첨부 파일에 작성되어 있으면 불편하게 업무를 처리해야 합니다.

이메일 첨부 파일을 다운로드 하거나, 파일을 열어서 살펴보고 찾아야하는 비효율적인 업무를 수행하게 됩니다. 여러분이 리더가 되었을 때 이러한 불편을 겪을 수 있다는 점을 역지사지(易地思之)하면 이해하기 쉬워질 것입니다.

다음 공지 사례를 함께 살펴보겠습니다. 앞선 메일의 사례를 보기 좋은 본문의 형태로 수정한 것입니다.

안녕하십니까.
차주 사내 이벤트를 앞두고 당사 행사 계획을 아래와 같이 정리하여
검토 요청 드립니다. 감사합니다.

□ 행사 요약
- 기존 : 인당 3만원 선택형 쿠폰 지급 (행사 당일 개별 전송)
- 변경 : 인당 5만원 선택형 쿠폰 지급 (행사 3일 전 개별 전송)

□ 업체 리스트

구분	할인율
업체 A	12%
업체 B	9%

▲ 메일 본문에 주요 내용 작성

첨부 파일에 작성했던 주요 행사 내용으로 〈기존: 인당 3만원 선택형 쿠폰 지급(행사 당일 개별 전송)〉, 〈변경: 인당 5만원 선택형 쿠폰 지급(행사 3일 전 개별 전송)〉 이메일 본문에 작성되어 있어서 빠르게 내용을 파악할 수 있습니다. 이처럼 이메일 본문 내용이 다소 길어지더라도, 정보 전달에 필요한 숫자 등과 같이 핵심 내용을 파악할 수 있도록 작성해야 합니다.

만약 이메일에 첨부 파일을 포함해서 송부해야 하는 경우에는 첨부 파일을 이메일에 포함했는지 발송 전에 반드시 확인하세요. 추가적으로 이메일에 포함된 첨부 파일명을 보기 쉽게 정리해서 함께 송부하면 프로 일잘러로써 업무를 잘하는 직원으로 인식될 것입니다.

이메일에 단순히
숫자만 기술하지 않기

이메일로 보고를 할 때, 수신자가 가장 궁금해할 큰 숫자 변화에 대한 내용을 함께 보고해야 합니다. 이메일로 단순히 숫자만 정리해서 공유하면, 수신자가 주요 이슈를 파악하는 데 시간이 소비됩니다. 또한, 추가 확인이 필요한 내용이 있으면 발신자에게 별도 문의를 해야 하는 비효율적인 업무 상황이 발생할 수 있습니다.

따라서 이메일을 통한 업무 보고는 숫자 변화와 그에 따른 인사이트를 함께 제공하여야 효과적인 소통이 됩니다. 이것은 제가 담당했었던 부서원들에게 가장 많이 코칭해 준 업무 방법입니다.

숫자만 정리해서 공유하면 업무가 비효율적이다

저는 부서원이 주어진 업무를 간결하게 정리해서 저에게 이메일로 보고할 때 수고했다고 말합니다. 그런데 숫자 변화가 의미하는 내용을 설명해서 함께 보고하면 완성도를 높일 수 있다는 것도 함께 피드백합니다.

대부분의 직원들이 제가 담당했었던 부서에 배치되어서 함께 업무를 시작하는 초반에는, 이메일 업무 보고 시 단순하게 숫자만을 정리해서 보고하는 경우가 많았습니다. 다음 페이지에 〈기존: 숫자 중심 메일 보고〉 사례는 각 상품별로 전월과 당월 매출을 비교하는 내용입니다.

안녕하십니까.

아래와 같이 당월 상품별 매출 현황에 대해 공유를 드립니다.

구분(억원)	당월 매출	전월 매출	비고
상품 A	110	100	10% 증가
상품 B	105	100	5% 증가
상품 C	85	95	15% 하락
계	300	295	2% 증가

▲ 기존 : 숫자 중심 메일 보고

그런데 이 내용만으로는 매출이 10%로 가장 많이 증가한 상품 A(전월 매출 100억 원에서 당월 매출 110억 원)와 매출이 15%로 가장 많이 하락한 상품 C(전월 매출 95억 원에서 당월 매출 85억 원)에 대해서는 그 원인과 이유를 파악할 수가 없습니다.

숫자 변화에 대한 인사이트를 작성하여 공유한다

이메일에는 숫자 변화에 대한 인사이트를 간단하게 1~2줄 이내로 본문에 함께 작성하면 좋습니다. 리더에게 인사이트가 포함된 이메일을 보고하면 상위 부서로 보고 또는 유관 부서에 재공유할 때 효율적인 업무가 됩니다.

이런 이메일은 핵심 내용을 정리하는 역량, 간결하고 명쾌한 문서 작성 역량, 메일을 통한 커뮤니케이션 역량 등에 대해서 리더뿐만 아니라 함께 일하는 직원들에게도 좋은 평가가 됩니다. 이메일 작성자는 잘 작성된 이메일 보고로 인하여 회사 내에서 프로 일잘러 이미지를 얻을 수 있습니다.

결론적으로 〈개선: 이슈 중심 메일 보고〉 사례에서 매출 상승폭이 높은 상품 A는 효과적인 마케팅이 원인이라는 문구를 추가하면 됩니다. 매출 하락폭이 높은 상품 C는 계절적 원인으로 분석되는 것을 추가로 작성하면 수신자가 빠르고 정확하게 내용을 파악할 수 있습니다.

안녕하세요.
아래와 같이 당월 상품별 매출 현황에 대해 공유를 드립니다.
매출 상승폭이 높은 상품 A는 효과적인 마케팅이 원인이며,
매출 하락폭이 높은 상품 C는 계절적 원인으로 분석되고 있습니다.

구분(억원)	당월 매출	전월 매출	비고
상품 A	110	100	10% 증가
상품 B	105	100	5% 증가
상품 C	85	95	15% 하락
계	300	295	2% 증가

▲ 개선 : 이슈 중심 메일 보고

이메일 서명을 설정해서 사용하기

여러분이 아마도 많이 사용하고 있을 지메일(Gmail)에 대한 사례를 설명하려고 합니다. 지메일에서 새로운 **[편지쓰기]**를 선택하여 이메일을 작성할 때, **[편지쓰기]** 페이지 하단에 사전에 등록해 놓은 작성자 연락처에 대한 **[서명]** 내용을 추가하여 발송할 수 있습니다.

지메일 편지쓰기 [새 메일]에서 서명 삽입으로 연락처를 추가한다

지메일에서 **[편지쓰기]**를 선택하면 좌측과 같이 수신인, 메일 제목, 메일 내용을 작성하는 **[새 메일]** 페이지가 보입니다. 하지만 지메일 **[설정]** 기능에서 미리 작성해 놓은 서명 내용을 삽입하고 연락처를 첨부하여 이메일을 작성할 수 있습니다.

저도 지메일에서 **[새 메일]**을 작성할 때 페이지의 마지막 부문에 직접 연락처를 입력하여 남겼으나, 지금은 **[서명 삽입]** 기능을 사용하고 있습니다.

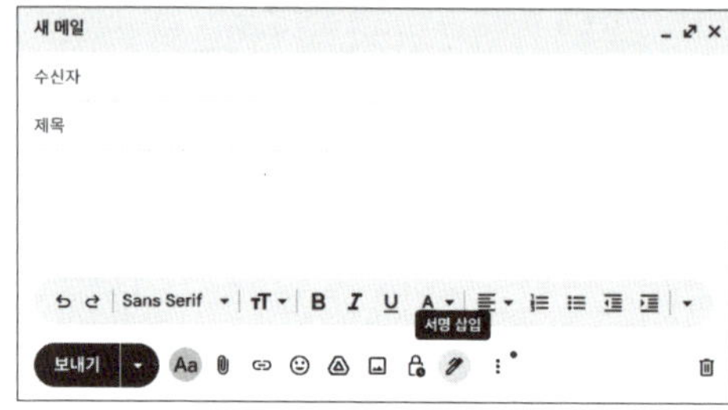
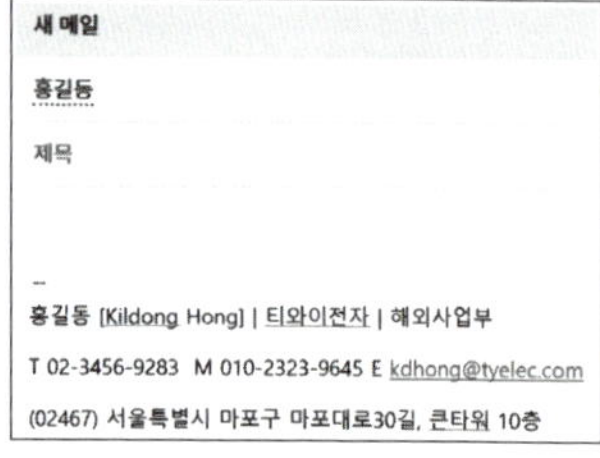

▲ 지메일 '새 메일'에서 '서명 삽입' 사용하기

지메일 [설정]에서 서명 내용을 사전에 작성하기

지메일 화면 우측 상단에 톱니 바퀴 모양의 [설정] 아이콘을 클릭합니다. 이어서 상단에 있는 [빠른 설정 > 모든 설정 보기]를 클릭하면 다양한 설정 항목을 볼 수 있습니다.

여러 설정 항목에는 [기본 설정]이 맨 앞에 있는데 언어, 전화번호, 페이지당 표시 개수, 보내기 취소, 답장 기본 설정 등이 있으며, 아래로 스크롤해서 [서명 : 서명 없음]을 확인합니다.

[+ 새로 만들기]를 클릭하면 [새 서명 이름 지정] 제목으로 입력할 수 있는 화면이 나타나고, 서명 이름을 적으라고 합니다. 여기에 '홍길동'이라고 적고 [만들기]를 선택합니다. 우측에는 실제 사용할 내용으로 이름, 회사명, 조직명, 연락처, 이메일 주소, 회사 주소 등을 작성하고 [서명 기본값]으로 [홍길동]을 선택합니다.

아래 부문에서 **[변경사항 저장]** 버튼을 클릭하면 완료됩니다. 정형화된 메일 서명 형식은 없기 때문에 원하는 형태로 작성하고 메일 서명을 생성하여 사용하면 됩니다.

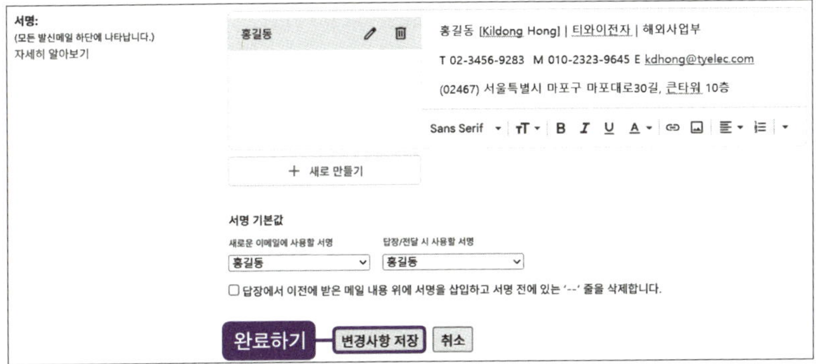

▲ 지메일 '설정'에서 '서명' (+새로 만들기) 만들기

또한 회사 로고 같은 이미지를 추가할 수 있습니다.

▲ 지메일 '설정'에서 '서명' (+새로 만들기) 이미지 추가하기

[+ 새로 만들기] 화면 맨 아래에 있는 **[□ 답장에서 이전에 받은 메일 내용 위에 서명을 삽입하고 서명 전에 있는 '– –' 줄을 삭제합니다.]** 클릭하면 '– –'줄이 제거됩니다.

정보 획득을 위한
인적 네트워크 구축하기

회사나 부서에서는 중요한 자료일수록 많은 사람들에게 공유되는 것이 아니라 일부 구성원에게 공유됩니다. 또한 다른 부서에서 작성된 자료는 공식적으로 공유 요청을 해도 상황에 따라서 거부될 수도 있습니다.

사내 인적 네트워크가 잘 구축되어 있으면 업무가 쉬워진다

글로벌 IT 기업에서 근무할 때 부장님께서는 사내 인적 네트워크가 많으셔서 전화 또는 메신저를 통해서 원하는 정보를 쉽게 획득하시는 경우를 보았습니다. 이와 같은 방법은 공식적인 업무 요청을 통해서 진행되는 업무와는 차원이 다른 스피드 및 높은 수준의 정보를 획득할 수 있습니다.

사내 인적 네트워크가 잘 구축되어 있으면 업무 효율이 무척 높아집니다. 사내 인적 네트워크가 미흡하면 정보나 자료를 얻으려고 회의체에 참석하거나 업무 협조를 위한 공문을 보내야 합니다. 사내 인적 네트워크가 구축되어 있다면 전화, 메일, 메신저 등으로 자료를 공유 받을 수 있습니다.

<table>
<tr><td colspan="2">사내 인적 네트워크 구축</td><td colspan="2">사내 인적 네트워크 미구축</td></tr>
<tr><td>[직접]
구두/전화</td><td>[요청]
문자/메신저</td><td>[협조]
메일/공문</td><td>[공식]
회의/회의체</td></tr>
</table>

효율 속도 高 ← ——————————————————— → 효율 속도 低

▲ 사내 인적 네트워크 구축

회사에서 인적 네트워크를 구축하려면 많은 노력과 시간이 필요합니다. 한 번이라도 협업한 직원과는 인적 네트워크를 유지하면서 신뢰도를 쌓아야 합니다.

도움을 주고받기 어려운 단계에서 시작해서 선택적으로 도움을 주고받는 단계, 서로 적극적으로 돕는 단계, 그리고 무엇이든 기꺼이 도와주고 받는 단계까지 나아가며 인적 네트워크의 신뢰도를 발전시켜야 합니다.

물론 회사에서 인적 네트워크를 계산적으로만 생각할 수는 없습니다. 저는 평소에는 연락도 안 하다가 본인이 필요할 때만 연락해서 친한 척하고 부탁하는 관계가 싫었습니다. 상대방이 커피를 두 번 샀으면 한 번은 살 줄 아는 관계가 되어야 오랫동안 지속됩니다.

극단적인 과거 예로, 흡연장에서 담배를 피우면서 회사의 중요한 이야기를 한다는 사례도 있습니다. 여러분이 담배를 피워야 한다는 의미는 결코 아닙니다. 그만큼 회사에서는 정보를 주고 받는 '장소'들이 생각보다 다양하고, 관계를 구축할 기회가 많다는 것입니다.

큰 배가 이동하는 방향을 조금만 변경한다고 생각해 보세요. 이럴 때는 배에 탄 선원은 방향키가 어디로 움직이는지, 어떠한 이유로 그러한 선택을 했는지 구체적인 정보를 알 수 없습니다. 만약 이러한 상황에서 사내 인적 네트워크가 구축되어 있다면, 누구보다도 빠르게 최신 정보를 알 수 있습니다.

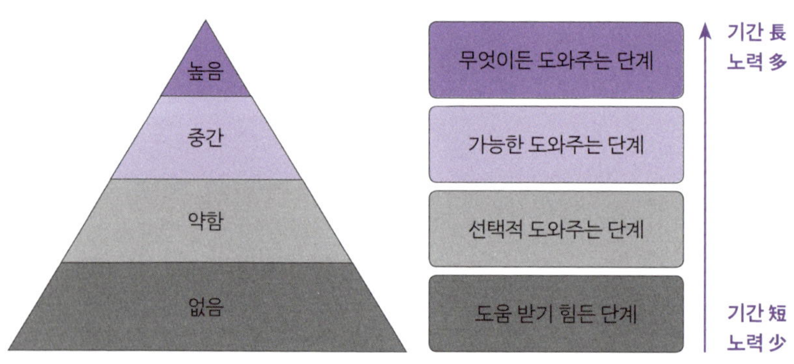

▲ 인적 네트워크 레벨

과제 일정이 길면
중간 보고를 하기

담당 과제에 대한 목표 일정이 1개월 이하로 진행될 때는 일정을 준수하여 최종 보고를 하면 됩니다. 하지만 과제 기간이 1개월 이상이면 내용도 복잡하고 보고해야 할 분량도 많아집니다. 만약 과제 기간이 길었는데 최종 보고를 한 후에 큰 폭으로 수정 사항이 발생하거나, 시간을 들여서 자료를 보완해야 한다면 난감할 것입니다.

중간 보고를 통해서 사전 공유하고 검토 의견을 받아서 반영한다

중장기 과제이라도 큰 틀에서는 1개월 단위로 업무 진행 상황에 대하여 간단하게 중간 공유를 통한 의견을 받으며, 계속해서 업무를 수행하면 됩니다. 물론 중간 보고를 자주하면 보고 준비에 시간이 많이 소비되어서 역효과가 발생할 수도 있습니다.

따라서 한 달에 한 번 정도는 진행 경과에 대해서 문서나 메일로 공유하거나, 핵심 내용을 공유하고 의견을 받아서 최종 보고를 준비하면 좋습니다. 이렇게 하면 최종 과제 결과물에 대한 보완 및 수정 내용이 많이 나오지 않습니다.

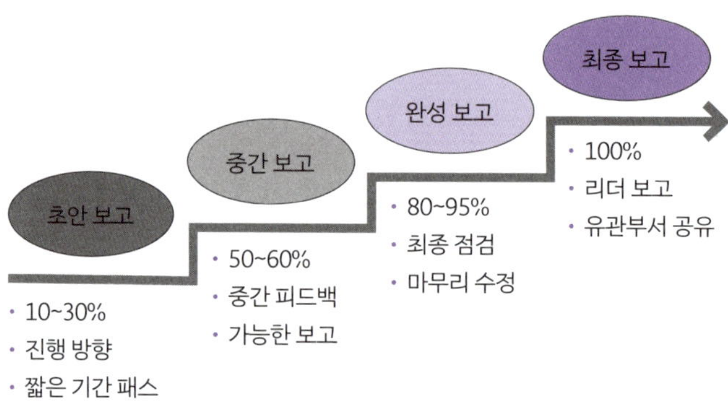

▲ 과제 중간 보고 과정

중간 보고를 진행하면 리더로부터 그 시점에서 고려해야 할 다양한 의견을 받을 수 있습니다. 만약 이슈가 발견되었다면 어떻게 문제를 해결할지 추가적으로 검토를 하고, 적절한 해결 방안을 제시해야 합니다. 처음에 수립한 업무 일정은 미루지 않는 편이 좋습니다.

다만 부득이 조정이 필요하다고 판단되면 리더에게 중간 보고를 하고 그 후에 요청하면 됩니다. 또한 담당자의 입장에서는 중간 보고도 준비해야 하므로 과제를 책임감 있게 리마인드 할 수 있습니다.

주도적으로 업무를 수행한다는 것은 동기 부여 차원에서 중요한 요소입니다. 리더에게 중간 보고를 할 때 유관 부서 또는 협업 부서까지 이슈를 사전에 공유를 한다면 예상 외로 도움이 되는 조언을 많이 들을 수 있습니다. 이들과 중간에 조율할 이슈가 발생한다면 함께 협의하세요.

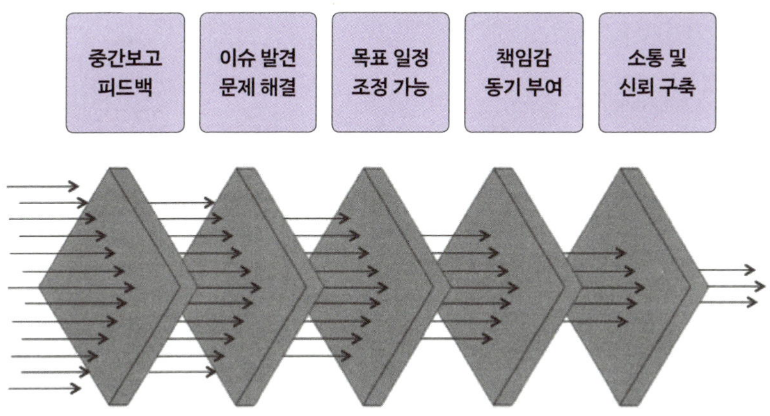

▲ 과제 중간 보고 효과

만약 중간 보고 없이 최종 보고에서 갑자기 협업 부서에게 관련된 이슈를 제시하거나 대안을 논의하자고 하면, 원만하게 협업이 진행되지 않을 수도 있습니다. 최종 보고 시점에 유관 부서에 '통보'하는 형식으로 이슈가 공유되면 비우호적인 관계로 이어질 수 있습니다.

따라서 항상 역지사지로 생각하고 주의해야 합니다. 중간 보고 시 유관 부서에 공유하는 목적은 상대방을 배려하고 이해함으로써, 부서 간에 갈등을 사전에 줄이는 것입니다.

스크랩으로
데이터를 축적하기

스크랩이란 신문, 잡지 등에서 필요한 글이나 사진을 오려서 자료로 모으는 것입니다. 다양한 자료를 보다가 문득 떠오르는 업무 아이디어나 새로운 생각들을 스크랩하는 습관은 중요합니다. 언제 어디서나 업무에 참고할 만한 것을 순간적으로 발견할 수 있습니다. 기억력은 오래가지 않고 금세 잊혀집니다. 유용한 정보들은 평소에 축적해 놓으면 언젠가는 필요할 때 참조할 수가 있습니다.

다양한 플랫폼에서 정보를 스크랩하는 습관 만들기

과거에는 업무 수첩에 메모하거나, 신문이나 잡지에서 유용한 자료가 있으면 가위로 오려서 바인더에 스크랩을 했습니다. 이후에는 PC를 사용하면서 포스트잇 프로그램을 활용하거나, 인터넷을 통해서 획득한 괜찮은 정보를 기억하기 위해 북마크를 사용합니다.

최근에는 신문, 잡지를 넘어서 유튜브, 인스타그램, 페이스북, 틱톡, 블로그, 메신저 등에서 좋은 정보를 얻을 수 있습니다. 업무 또는 개인 목표를 위해 관심 있는 데이터를 모으려면, 평소에 이러한 플랫폼을 볼 때마다 그것이 과제와 연관성이 있는지 없는지를 빠르게 판단하는 습관이 필요합니다. 또한 사소한 것이라도 반드시 스크랩하는 습관을 들여야 합니다.

여러분이 구체적인 관심 주제를 평소에 생각하고 있지 않다면 관련된 콘텐츠나 자료를 마주할 기회는 생각보다 없습니다. 심지어 좋은 콘텐츠를 접하더라도 관심도가 낮거나 없으면 스쳐 지나가서, 의미 없는 콘텐츠로 기억 속에서 사라질 수도 있습니다.

스크랩한 내용은 쌓일수록 귀중한 자산이 됩니다. 저도 다양한 콘텐츠를 살펴보면서 담당 업무와 조직 관리에 도움이 될 만한 것들을 꾸준히 확보하고, 이를 바탕으로 개인 역량도 강화하며 업무 전문성을 높이기 위해 지금도 노력하고 있습니다.

여러분이 작성해야 하는 보고서와 관련된 맞춤형 정보를 발견하기는 쉽지 않습니다. 마치 모래에서 사금을 채취하듯이, 거대한 정보의 바다에서 옥석을 구분하듯이 유용한 정보는 갑자기 나타납니다. 그러면 반드시 스크랩을 하세요.

이제는 스마트폰으로 직접 사진을 찍거나 소셜 플랫폼 화면을 캡쳐하며 필요한 이미지를 언제든지 확보할 수 있습니다. 이런 스크랩용 이미지 또는 콘텐츠 링크들은 모바일 메신저들에 〈나와의 채팅〉 기능을 활용해서 스크랩하면 수월합니다.

주요 회의 내용은
반드시 공유하기

중요한 회의를 하면 반드시 핵심 내용 요약과 실행 계획을 확인하고 참석자에게 공유해야 합니다. 내용 요약을 위해서는 회의가 끝나가는 시점에서 논의된 주요 사항을 최종적으로 다시 한번 간략하게 정리하세요.

회의 내용은 랩업을 통해서 최종 정리하기

회의에서 협의하고 결정한 내용, 실행 과제 및 계획, 논의된 이슈 등을 빠르게 요약해서 상호 간에 확인하고 회의를 마무리하는 행위를 랩업(Wrap up)이라고 부릅니다. 회의에서 실행 과제가 발생하면 향후 관리를 위해서 필수적입니다. 랩업은 실행 과제가 복잡하거나 회의 참석자 간 업무 협업이 강조되는 여러 프로젝트에서 점점 그 필요성이 커지고 있습니다.

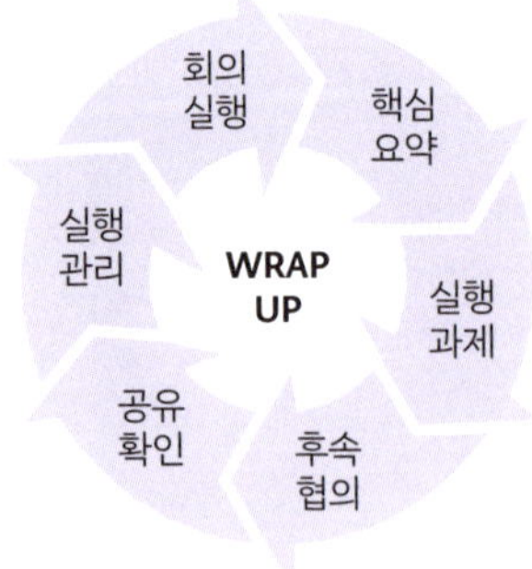

▲ 회의 내용 공유를 통한 과제화

회의 결과로 실행 과제가 있다면 공식적으로 발의된 근거 자료가 됩니다. 따라서 실행 과제를 관리하기 위한 리스트를 작성해야 합니다. 실행 과제명, 주요 내용, 과제 기간, 담당 부서 또는 담당자를 명시해서 실행 과제 완료까지 관리합니다.

회의 참가자에게 회의 이후에 실행 과제 및 향후 일정에 대해서 공유하고 책임을 명확히 해야합니다. 물론 담당 부서를 결정하는 과정에서 부서 간 업무 R&R(Role & Responsibilities)이 불명확하여 의견이 충돌할 수도 있습니다. 이와 같은 상황에서는 최종 결정권자가 해당 부서장들의 이야기를 충분히 들어보고 결정하면 됩니다.

실행 과제명	주요 내용	완료 일정	담당 부서
인사평가 개선 방안	평가 시스템 도입	1분기	인사실
신규 투자 검토 보고	투자금 확보 방법	상반기	재무실
사무실 이사 방안	사무실 이전 검토	3분기	총무실

▲ 실행 과제 리스트업 사례

중요한 회의는 후속 회의 및 다음 일정에 대해서 논의한 후에 종료해야 합니다. 회의록은 일반적으로 회의한 내용만 작성하지만, 간혹 다음에 언제 어디서 무엇을 어떻게 할 것인가에 대한 내용도 작성해야 할 때도 있습니다. 정기 회의라면 후속 일정과 내용을 모두 이해하고 있어서 큰 문제가 없습니다. 아니라면 실행 과제를 확정하면서 완료 일정을 정하고, 결과물을 언제 어떻게 보고할 것인지에 대한 내용 등이 있어야 실행 과제 관리가 가능합니다.

완성도와 속도 사이에서
밸런스 찾기

회사에서 가장 스트레스 받는 업무는 급하게 현황을 파악하고 정리해서 보고해야 하는 것입니다. 리더들은 업무 속도가 중요하다고 항상 이야기합니다. 그런데 완성도는 개인의 업무 역량에 맡기는 듯한 느낌이 듭니다. 따라서 다양한 업무 경험을 통해 쌓은 지식을 바탕으로, 급한 업무가 주어졌을 때 업무 완성도를 우선해야 하는지, 아니면 업무 속도를 더 중시해야 하는지 판단하는 역량이 매우 중요합니다.

업무 완성도와 업무 속도에 대한 비교 판단 기준

정확성과 디테일이 중요한 업무라면 세부적인 검토를 거쳐 완성도를 높이는 것이 우선입니다. 반면 긴급하게 처리해야 하거나 기한이 촉박한 업무라면 빠른 속도로 진행하는 것이 중요합니다.

이처럼 업무의 특성과 상황을 고려하여 완성도를 높이는 것이 더 효과적인지, 신속한 처리로 대응하는 것이 더 적절한지 균형감 있게 판단하는 능력이 필요합니다. 이러한 판단력이 있으면 업무 효율성을 극대화할 수 있고 효과적으로 업무를 수행할 수 있습니다.

업무 완성도	업무 속도
최대한 퀄리티 높힘	예상 보다 먼저 완성
보고 날짜에 맞춤	보고 날짜 보다 빠름
다른 업무 지연	상세 내용 미흡

▲ 업무 완성도와 업무 속도 비교

가끔은 두 마리 토끼를 동시에 잡아야 할 때도 있습니다. 업무 완성도는 Best of best를 목표로 업무 성과를 최대한 높이는 태도를 가지는 편이 좋습니다. 물론 한 가지 업무에 너무 집중하면 다른 업무들이 상대적으로 지연될 가능성이 있으므로 판단을 잘해야 합니다.

간혹 과제의 완성도를 높이겠다는 이유로 업무 일정 자체를 느슨하게 계획하기도 합니다. 그런데 이렇게 되면 월, 분기, 반기, 년 등 장기적인 단위로 계획을 세울 때는 돌발상황에 대처할 수도 없으므로 리더는 답답하게 느껴지기도 합니다. 가능한 업무 속도를 내고 업무 완료 일정을 당겨서 진행하는 모습을 보여주면 프로 일잘러로 인식될 것입니다.

정해진 기간에 업무 완료를 마무리하지 못해서 중요한 시기를 놓쳐 버리면 아쉬움이 많이 남는 업무 결과를 만들어냅니다. 업무 결과를 필요한 시점인 적기에 완료하던가 남들과 비교해서 조금 빠르게 완료하면 좋습니다. 다만 주어진 업무를 빠르게 수행하다 보면, 상세 내용이 미흡할 수 있는 것은 주의해야 합니다.

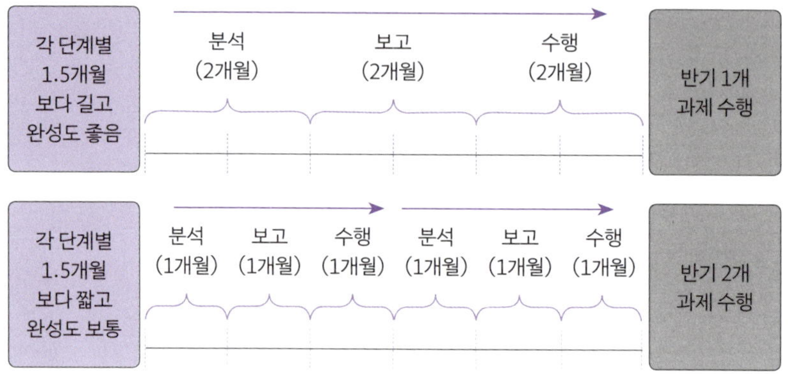

▲ 업무 완성도와 업무 속도 사례

혼자 일하지 않는 실전 전략

☐ 이메일은 간결하고 이해하기 쉬운 제품 설명서와 같이 구성하여
작성자가 원하는 방향으로 상대방의 반응을 이끌어내야 한다.

☐ 이메일을 읽을 때 주요 내용이 첨부 파일에 있으면 불편하므로
이메일 본문에서 파악할 수 있도록 작성한다.

☐ 이메일로 보고할 때 단순히 숫자만 정리해서 공유하지 않고
숫자 변화에 대한 인사이트를 작성해서 함께 공유한다.

☐ 이메일 설정 기능에서 <서명> 부문에 연락처를 작성해 놓으면
이메일 하단에 <서명 삽입>으로 연락처를 추가해 발송할 수 있다.

☐ 사내 인적 네트워크를 구축하려면 많은 노력과 시간이 필요하지만
상대적으로 업무 효율성이 높아진다.

☐ 중간 보고를 통해서 업무 방향을 지속 확인하고 피드백을 받아서
반영하면 최종 보고에 수정 내용이 줄어든다.

☐ 평소에 다양한 플랫폼에서 관심 정보를 스크랩하는 습관을 만들고
모바일 메신저를 활용해서 언제 어디서나 스크랩해서 활용한다.

☐ 회의에서 협의한 내용들에 대해서 랩업을 통해서 정리하고
회의 결과에 따른 실행 과제가 생기면 지속 관리해서 완료한다.

☐ 업무 특성과 상황을 고려하여 업무 완성도를 높일 것인지,
빠르게 업무를 처리할 것인지에 대한 균형있는 판단이 중요하다.

결재 문서
실무 체크사항

1. 품의서에 사용되는 용어를 이해하기

2. 품의서 결재 라인을 정확히 기입하기

3. 지출결의서에 전자세금계산서 첨부하기

4. 회사 법인인감과 사용인감을 구별하기

품의서에 사용되는 용어를 이해하기

품의서는 담당자가 업무를 수행하기에 앞서 최종 결재권자에게 특정 사안을 승인해 줄 것을 요청하는 문서입니다. 혹은 유관 부서에 품의서를 공유하면서 합의하기도 합니다.

품의서는 결재를 위한 양식에 맞추어서 작성하기

품의서는 양식이 정해져 있는 것은 아니며, 상황에 따라 다양한 형태로 작성하여 사용할 수 있습니다. 품의서는 부서원의 기획력 및 업무 능력을 파악할 수 있는 과정이 되기도 합니다. 리더는 품의서 검토 과정에서 직원과 소통하면서 업무 파악을 할 수도 있습니다.

품 의 서

문서						담당	팀장	실장	대표
소속		직위		결재					
작성									
날짜									
제목									

1. 목적 :

2. 내용 :

3. 품목 :

4. 비용 :

5. 붙임 :

6. 기타 :

회사마다 품의서를 작성하는 양식과 전문 용어가 정해진 경우도 종종 있습니다. 이러한 규칙을 미리 알아두면 보다 효율적이고 성과있는 업무를 수행할 수 있습니다.

품의서에 사용되는 주요 용어에 대해서 이해하기

품의서 용어를 잘못 사용하는 사례가 있습니다. 대표적으로 결제(決濟)와 결재(決裁)입니다. 발음이 비슷해서 무척 헷갈리므로 별다른 생각 없이 실수하게 됩니다. 회사 업무가 바쁘면 직원들이 메신저로 품의서를 올렸으니 오늘까지 '결제'해 달라고 요청이 오기도 합니다. 빠르게 읽어보면 의미는 통해서 무엇을 요청하였는지 알 수는 있으나, 명백히 잘못된 용어입니다.

구분	내용
결재	상급자가 승인하여 최종 결정하는 것
품의	상급자에게 검토 및 승인을 요청하는 것
재가	결재하여 진행하도록 허락하는 것
승인	담당자가 요청한 사항을 허락하는 것
집행	예산 관련 승인된 금액을 시용하는 것
지출결의	비용을 지급하기 전에 승인을 요청하는 것

▲ 주요 품의서 용어

사원급에서는 용어를 이해하지 못하고 잘못 사용할 수 있다고 생각합니다. 하지만 경력 직원이 잘못 사용하는 것은 누군가 알려주지 않아서 그렇습니다. 실제로 저도 부서원에게 결재와 결제가 다른 뜻으로 잘못 사용하고 있다고 알려주자, 그 부서원은 바로 이해하였고 이후 정확하게 사용하게 되었습니다.

용어의 정확한 뜻을 알아보면 결제(決濟)는 증권 또는 대금을 주고받아 매매 당사자 사이의 거래 관계를 끝맺는 일을 이르는 용어입니다. 예를 들어, 온라인 쇼핑을 한 후 물건 값을 신용 카드나 페이머니 등으로 지불하는 것입니다. 돈과 관련되어 있고 '경제'라는 단어의 '제'를 같이 연상하면 좋습니다.

결재(決裁)는 결정할 권한이 있는 상관이 부하가 제출한 안건을 검토하여 허가하거나 승인하는 일을 이르는 용어입니다. 예를 들어, 직원이 업무에 관련된 문서에 대해서 검토를 올리면 리더가 결재하여 업무 진행에 대해서 승인하는 것입니다. 업무에 관련되어 있고 '재가'라는 용어의 '재'를 같이 연상하면 좋습니다.

품의서 결재 라인을
정확히 기입하기

품의서에 결재 라인을 정확하게 설정하는 것은 단순한 절차상의 문제가 아닙니다. 의사결정이 체계적으로 진행되며, 승인 절차에서 혼선이 발생하는 것을 방지할 수 있습니다. 품의서에 따른 결정이 실행된 후 문제가 발생할 경우, 책임 소재를 명확히 할 수 있습니다.

품의서 결재를 올리기 위해 위임전결 규정 파악하기

회사는 내부 규정에 따라 결재권자가 정해져 있으며, 내부 규정을 준수하여 정당한 승인 절차를 거쳐야 합니다. 특히 예산과 비용이 수반되는 경우에 직책별로 책임과 권한을 사전에 정리해 놓습니다. 이를 '위임전결 규정'이라고 합니다. 이를 통해 불필요한 지출을 막고 자원을 효율적으로 관리할 수 있습니다.

업무를 수행하면 비용을 집행해야 하는 경우가 발생합니다. 이때 품의서를 작성하고 결재 라인을 중간 관리자에서 최종 결정권자까지 품의를 올립니다. 품의서에 대한 결재 라인을 확인하고 싶으면 주로 경영지원부서에서 작성해서 공유하는 위임전결 규정을 확보하면 됩니다. 위임전결 규정에 있는 유관 부서에게도 품의서를 공유해야 하는 조직도 있습니다.

구분	기안	조정	합의	결재
1억 원 이상	팀장	실장/본부장	재무팀	대표이사
1천만 원 이상	팀원	팀장/실장	재무팀	본부장
1천만 원 미만	팀원	팀장	재무팀	실장

▲ 위임전결 규정 사례

품의서와 지출결의서에 대한 개념을 이해하기

업무에 필요한 비용에 대해서는 품의서로 결재를 받아서 근거 자료로 가지고 있어야 합니다. 하지만 실제 비용을 집행할 때는 지출결의서 결재를 받아서 진행합니다. 처음에는 품의서와 지출결의서 개념이 헷갈릴 수도 있습니다.

품의서는 '이 비용을 써도 될까요?'라는 사업 집행, 계약 체결, 구매 요청 등 특정 업무를 진행하기 위해 상급자나 최종 결재권자에게 해당 내용에 대해서 결재를 올려서 사전 승인을 받는 문서입니다.

지출결의서는 '이 비용을 썼으니 금액을 지출하게 해 주세요'라는 이미 발생한 비용에 대해 정산 및 지급을 요청하는 문서입니다. 즉, 품의서를 통해 사전에 승인을 받은 후, 지출이 발생하면 승인된 예산 내에서 사용 금액을 결제하기 위해 지출결의서를 제출하여, 최종 결재권자에게 결재를 받고 유관 부서에 합의를 받아서 정산합니다.

일부 기업은 품의서만 결재를 받고 업무 수행 및 비용 지급을 진행하지만, 대다수의 기업은 비용 지출이 많기 때문에 관리를 위해서 품의서 결재 이후에 실제 비용이 지출되는 시점에 지출결의서 결재를 받은 후 집행합니다.

구분	품의서	지출결의서
목적	사전 승인 요청	비용 정산 및 지급 요청
사용	비용이 발생하기 전	비용이 발생한 후
내용	배경, 필요성, 비용 등	비용 항목, 금액, 자료 등
승인	진행 여부 및 예산 승인	지출 및 정산 승인
결재	최종 결재자 (예, 본부장)	차상급 결재자 (예, 팀장)

▲ 품의서와 지출결의서 비교

지출결의서에
전자세금계산서 첨부하기

외부 업체와 처음 구매 거래를 하고 비용을 지급해야 하는 상황이라고 가정해 보겠습니다. 신규 판매 업체와 구매 거래를 하기 위해서 좋은 가격으로 견적서를 받아서 검토하게 됩니다.

구매 검토가 완료되면 품의서에 구매를 위한 목적, 내용, 거래처, 금액, 견적서 등에 대한 작성과 해당 업체의 사업자등록증 사본, 법인통장 사본을 요청해서 첨부하여 품의합니다.

사업자등록증은 법인의 주민등록증과 같은 문서

사업자등록증은 법인의 주민등록증과 유사한 개념으로 사업을 하기 위해 필수적인 문서입니다. 관할 세무서에 신청하고 사업자등록 번호를 받을 수 있습니다. 사업자등록은 납세 의무 사업자에 관한 정보를 국세청에 신고하는 절차입니다.

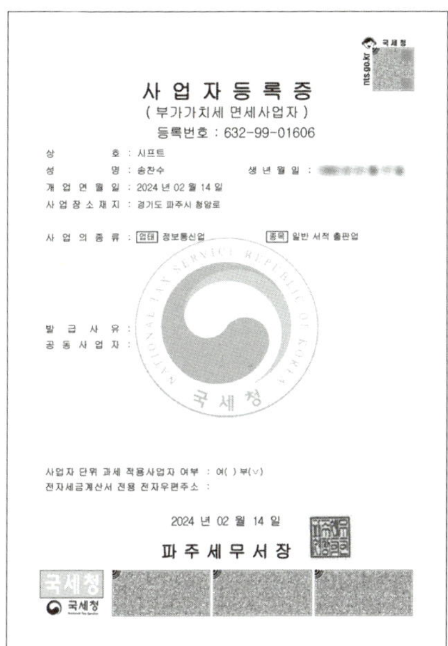

▲ 사업자등록증

품의서 결재가 완료되고 제품을 구매한 후에 실제 비용을 지급하기 위해서 지출결의서를 작성해서 결재를 받습니다. 이때 판매 업체에게 구매 회사의 사업자등록증 사본, 구매 담당자 이메일 주소 등을 공유합니다. 그 이후에 판매 업체는 국세청 홈택스(https://hometax.go.kr)에서 전자세금계산서를 발행합니다.

전자세금계산서는 세무 신고를 위한 거래 사실 증명 문서

전자세금계산서란 판매 회사가 재화 또는 용역을 공급하고 부가가치세가 포함된 금액으로 거래하였다는 사실을, 인터넷 등 전자적인 방법으로 세금계산서를 작성 및 발급하여 그 내역을 국세청 홈택스를 통해서 구매 회사에게 전송하는 것입니다.

판매 회사는 전자세금계산서에 사업자등록번호, 상호, 성명, 이메일, 부가가치세액, 공급가액, 작성일자, 청구 등을 기입하고 구매 회사의 사업자등록번호, 상호, 성명, 이메일 등도 기입하고 발급합니다.

구매 회사는 이메일로 전자세금계산서를 수령하고 지출결의서에 이미지로 첨부하여 결재를 받습니다. 전자세금계산서를 첨부하는 이유는 거래 내역을 공식적으로 증명하는 서류이기 때문입니다.

또한, 회계 감사 시 불필요한 논란을 방지할 수 있으며, 기업의 회계 투명성을 확보할 수 있습니다. 부가가치세 신고 시 매입세액 공제를 받기 위한 필수 자료이기도 합니다. 세법상 기업이 물품을 구매하거나 용역을 제공받을 경우, 해당 비용에 대한 부가세를 돌려받을 수 있는 근거 자료가 됩니다.

기업은 세무 신고 시 거래 사실을 증명할 수 있는 공식 문서를 제출해야 합니다. 따라서 기업에서는 모든 거래에 대해 전자세금계산서를 필수적으로 확보하고 첨부하는 것이 중요합니다.

회사 법인인감과 사용인감을 구별하기

개인 인감은 인감증명 사무를 관장하는 관공서에 사전 신고하여 공증을 받은 도장입니다. 따라서 법적 구속력이 있는 모든 계약에서 서명과 같은 효력을 발휘합니다. 또한 인감증명서는 관공서에 신고된 인감과 같다는 것을 증명하는 문서입니다.

법인인감은 법적 효력이 강력해서 잘 관리한다

회사도 법인을 설립할 때 법인인감을 만들어야 합니다. 법인이 계약하거나 거래할 때 법인인감으로 날인하여 공식적으로 법인을 대표합니다. 법인인감도 관할등기소에 등록이 되어 있어서 인감증명서를 발급받을 수 있습니다. 법인인감은 법적 효력이 매우 강력하기 때문에, 분실 시 위조될 위험이 커서 반드시 잘 관리해야 합니다.

법인의 사업장이 여러 곳으로 많아지면 법인인감으로 모든 업무를 처리할 수 없습니다. 예를 들어, 본사가 서울인데 부산에 지점을 설립하려고 은행 계좌를 만들려면 법인인감이 필요합니다. 본사에서 법인인감을 가지고 와서 사용하고 반납을 해야 하는데, 매번 중요한 법인인감을 가져다가 사용하는 것은 불편하므로 되도록이면 사용인감을 만들어야 합니다.

구분	법인인감	사용인감
정의	법인 공식 대표 인감	실무 사용 보조 인감
등록	법인 등기부에 등록	법인 등기부에 미등록
용도	부동산, 금융, 법적 계약	일반 계약, 입찰, 내부
증명	법인인감증명서	사용인감계

▲ 법인인감과 사용인감 비교

사용인감은 사용인감계를 사용하여 법적 효력 부여

사용인감은 등기소에 등록하지 않은 인감이라서 〈사용인감계〉를 만들어서 사용인감과 법인인감을 나란히 날인하고 법인인감증명서를 첨부해서 효력을 부여합니다.

사용인감은 법인인감과 비슷하게 도장을 디자인합니다. 다만, 법인인감에 ★ 표시를 넣었다면 사용인감은 다른 ▲, ●, ■ 표시로 구분합니다.

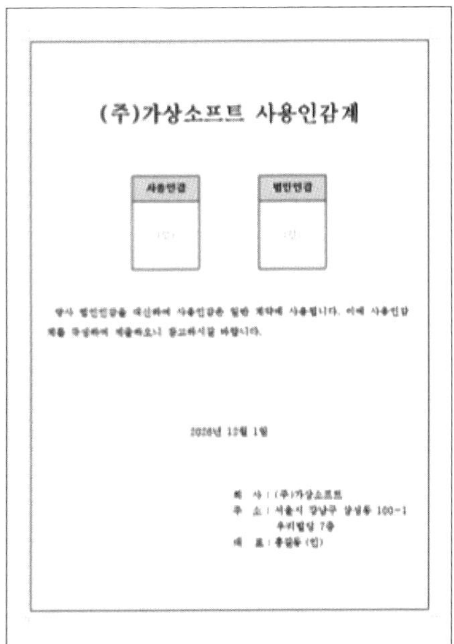

▲ 사용인감계 사례

법인에서 사용하는 법인인감과 사용인감은 모두 공식적인 도장이지만 용도와 법적 효력이 다릅니다. 회사에서 중요한 계약은 품의서를 작성하고 결재를 받은 이후에 계약서에 법인인감으로 날인하며 법인인감증명서를 함께 제출해야 하는 경우도 있습니다.

하지만 회사에서 소액 계약이나 일반 계약들은 동일하게 품의를 진행하고 사용인감으로 날인하게 됩니다. 법인인감 또는 사용인감으로 날인을 하면 관리부서에 있는 인감관리대장에 반드시 내용을 기록해야 합니다. 법률적 효력이 있는 문서에서 법인인감과 사용인감이 혼동되지 않도록 명확하게 관리해야 합니다.

또한 회사에는 네모난 형태의 사각 직인이라는 것이 있습니다. 사각 직인은 외부에 발송하는 공문이나 자체 발급하는 재직증명서 등과 같은 증빙 서류에 사용합니다. 법인인감, 사용인감, 사각 직인은 모두 회사를 대표하는 도장이므로 함부로 사용하면 안되고 철저하게 보안이 되는 곳에 보관해야 합니다. 관리 부서가 아닌 일반 부서는 사용인감을 주로 사용하므로, 이러한 기본적인 지식을 가지고 있으면 업무에 도움이 될 것입니다.

결재 문서 실무 체크사항

☐ 품의서는 결재를 위해서 기본 양식에 맞추어서 작성하고
품의서에 사용되는 용어 이해도가 높으면 효율적으로 작성할 수 있다.

☐ 품의서와 지출결의서 결재를 위해 위임전결 규정을 파악하고
품의서와 지출결의서의 차이점을 이해해야 한다.

☐ 사업자등록증은 법인의 주민등록증과 같은 개념으로 필수 자료이며,
전자세금계산서는 세무 신고를 위한 거래 사실 증명 자료이다.

☐ 법인 인감은 개인 인감과 비슷하게 법적 효력이 강력하며,
사용 인감은 일반 또는 소액 계약에 사용한다.